Die Zeit der letzten Ritter

Franz von Sickingen
und die Reformation im Südwesten

Reisebuch zu den historischen Stätten

T0166131

Alexander Thon

Die Zeit der letzten Ritter

Franz von Sickingen und
die Reformation im Südwesten

Reisebuch zu den historischen Stätten

In Zusammenarbeit mit der
Generaldirektion
Kulturelles Erbe Rheinland-Pfalz

SCHNELL + STEINER

Umschlagvorderseite:
Ebernburg – Luftaufnahme von Süden, 2004; Harnisch Landgraf Philipps I. von
Hessen, 1534 (Hofjagd- und Rüstkammer, Kunsthistorisches Museum Wien)
Frontispiz:
Wappen der Herren von Sickingen am Grabmal Franz' von Sickingen in
St. Andreas zu Landstuhl
Innenklappe hinten:
Der Tod Franz' von Sickingen – Kupferstich von [Franz] B. Dörbeck nach Zeich-
nung von L[ ] Wolff, vor 1830
Umschlagrückseite:
Franz von Sickingen – Kupferstich von Hieronymus Hopfer, o. J., um 1520

Bibliografische Information der Deutschen Nationalbibliothek:
Die Deutsche Nationalbibliothek verzeichnet diese Publikation
in der Deutschen Nationalbibliografie; detaillierte bibliografische
Daten sind im Internet über http://dnb.dnb.de abrufbar.

1. Auflage 2015
© 2015 Verlag Schnell & Steiner GmbH, Leibnizstraße 13, 93055 Regensburg
Satz: typegerecht, Berlin
Umschlaggestaltung: Anna Braungart, Tübingen
Druck: Erhardi Druck GmbH, Regensburg

ISBN 978-3-7954-2996-6

Weitere Informationen zum Verlagsprogramm erhalten Sie unter:
www.schnell-und-steiner.de

Inhalt

Zum Geleit

Sehr geehrte Leserinnen und Leser,

um das Jahr 1500 machen sich große Veränderungen für die Ritterschaft im Heiligen Römischen Reich Deutscher Nation bemerkbar. Mit der Reformation verstärken sich die Anzeichen für den Untergang des Rittertums. Gleichzeitig regt sich unter der Reichsritterschaft Widerstand gegen diese Entwicklung. Besonders deutlich wird dies an einem Geschlecht, das bedeutende Ämter innehatte und zahlreiche Besitzungen im Südwesten sein Eigen nannte: den Herren von Sickingen.

Franz von Sickingen ist zweifelsohne der bekannteste Repräsentant seines Geschlechtes und eine der schillerndsten Gestalten an der Wende vom Mittelalter zur Frühen Neuzeit. Er führt Fehden in bisher unbekanntem Ausmaß und betritt damit die Bühne der großen Politik. Zugleich entwickelt er sich zu einem Förderer der Reformation und bietet verfolgten Humanisten auf der Ebernburg Unterschlupf an. Als Angehöriger des Reichsritterstandes rebelliert er am Ende gegen die Fürsten und macht sich mit seinen Sympathien für die Reformation auch die katholischen Bischöfe zum Feind.

Auf seiner Burg Nanstein, hoch über der Stadt Landstuhl gelegen, vollendet sich 1523 sein Schicksal. Eine Fürstenkoalition belagert und beschießt die Burg. Bei dieser Belagerung kommt Franz von Sickingen ums Leben, aber die Legende von dem Ritter, der einer Übermacht an Fürsten die Stirn bietet, lebt im Südwesten weiter.

Zahlreiche Burgen und andere Orte zeugen bis heute von der Herrschaft der Sickinger im Südwesten. Hier liegen zahlreiche Stätten der Reformation, wie Bretten, Speyer, Worms oder Straßburg, die es verdienen, einmal unter diesem Blickwinkel betrachtet zu werden. Das vorliegende Reisebuch möchte Sie einladen, sich auf eine Spurensuche zu machen. Es führt Sie zu Orten, die ganz offensichtlich, aber auch erst bei genauerem Hinschauen in enger Verbindung mit Franz von Sickingen und der Reformation stehen. Es sind dies seine eigenen Burgen und Besitztümer, aber auch die seiner Parteigänger und Gegner. Dabei können Sie auf Ihrer Reise den engen familiären und politischen Verstrickungen des Niederadels in der Region vom Kraichgau über die Pfalz und das Elsaß bis hin zum Mittelrhein und nach Lothringen nachspüren und sich von der Aura historischer Schauplätze der Reformation in diesem Gebiet einfangen lassen. An ihnen sind die Auseinandersetzungen dieser Zeit im Umbruch noch unmittelbar spürbar.

Um Ihnen bei der Spurensuche behilflich zu sein, haben wir verschiedene Routenvorschläge mit regionalen Schwerpunkten gemacht. Sie sind so ausgewählt, dass möglichst viele Aspekte des Themas Reformation und Reichsritterschaft exemplarisch behandelt werden. Wenn Sie sich darüber hinaus in das Thema vertiefen wollen, so finden Sie ebenfalls zahlreiche Hinweise. Gefördert wurde diese Publikation mit Mitteln der Europäischen Union (EFRE), der wir zu großem Dank für die touristische Inwertsetzung der Burg Nanstein verpflichtet sind.

Machen Sie sich mit diesem Reisebuch auf die spannende Reise zu den bekannten und verborgenen Zeugnissen einer der legendären Personen deutscher Geschichte im Zeitalter der Reformation. Wir wünschen Ihnen hierbei viel Freude.

Thomas Metz
Generaldirektor
Generaldirektion Kulturelles Erbe
Rheinland-Pfalz

Dr. Angela Kaiser-Lahme
Direktorin
Burgen, Schlösser, Altertümer

*... seines geschlechts
ein edelman, der profession
ein Luteraner*

**Franz von Sickingen
und die Reformation im
Südwesten**

... seines Geschlechts ein edelman, der profession ein Luteraner. Mit diesen wenigen, aber zutreffenden Worten beschreibt Johannes Mechtel in seiner von 1610 bis 1612 verfassten Limburger Chronik den pfälzischen Niederadligen Franz von Sickingen (1481–1523). Er formuliert damit zugleich die beiden wesentlichen Problemstellungen jener Zeit: den geradezu radikalen gesellschaftlichen Umbruch, der besonders das Rittertum betraf, und die durch die sich rasch ausbreitende Reformation bedingten Spannungen zwischen Anhängern des alten »katholischen« Glaubens und den Befürwortern der neuen, lutherisch-evangelischen Lehre.

Wer aber war dieser Franz von Sickingen und welche Bedeutung hat er bis in unsere Zeit? Stellt man sich diese Frage, so wird schnell deutlich, dass die Kenntnis seiner Person im Südwesten Deutschlands am größten ist. Dies hängt vordringlich damit zusammen, dass die seit der zweiten Hälfte des 13. Jahrhunderts nachweisbare Familie von Sickingen im Südwesten des damaligen Heiligen Römischen Reiches deutscher Nation nicht nur dort beheimatet war, sondern später auch ihre gesamten Besitzungen hatte. An der prosperierenden Rheinschiene lag jedoch nach wie vor das Zentrum des Reiches, da vier der sieben Fürsten, die den römisch-deutschen König wählen durften, hier mit ihren Territorien ansässig waren (Erzbischöfe von Köln, Trier, Mainz und der rheinische Pfalzgraf). Insofern ist es wenig erstaunlich, dass sowohl gesellschaftliche als auch religiöse Neuerungen in diesem Gebiet am heftigsten durchschlugen.

Beiden Phänomenen hatte sich Franz von Sickingen nach Antritt des väterlichen Erbes 1505 rasch zu stellen. Mit unbestreitbarem Eifer gelang es ihm, die sickingischen Besitzungen und Rechte zu halten und punktuell sogar zu vermehren. Dabei geriet er schnell in Gegensatz zu den umliegenden Territorien und Städten, was seit 1515 zahlreiche Fehden in eigener Sache (Worms 1515, Metz 1518, Hessen 1518, Frankfurt am Main 1518), aber zunehmend auch gegen Bezahlung in fremden Diensten (Lothringen 1516, Württemberg 1519, Frankreich 1521) nach sich zog. Auf dem Höhepunkt seines Ansehens begann er im August 1522 eine Fehde gegen Erzbischof Richard von Trier, die trotz Anfangserfolgen mit der vergeblichen Belagerung der Domstadt (8.–14. September 1522) spektakulär scheiterte.

Von dieser Niederlage sollte sich Franz von Sickingen nicht mehr erholen. Im folgenden Jahr zogen Koalitionstruppen Erzbischof Richards von Trier, Landgraf Philipps I. von Hessen und Pfalzgraf Ludwigs V. in die Rheinpfalz und stellten den »letzten Ritter« auf seiner Burg Nanstein. Nach neuntägiger Belagerung ergab sich der auf den Tod verwundete Sickinger mit seiner Besatzung und verstarb noch am selben Tag (7. Mai 1523).

Bewertet man die Persönlichkeit Franz' von Sickingen lediglich nach Erfolgskriterien, so ist er auf ganzer Linie gescheitert. Gerade in diesem Scheitern liegt aber auch seine Faszination: Einerseits aufgeschlossen gegenüber den technischen und religiösen Neuerungen seiner Zeit, die seine Burgen zu vermutet uneinnehmbaren Festungen und »Herbergen der Gerechtigkeit« werden ließen, versuchte er andererseits, für Rittertum und Niederadel bereits vergangene Wirkmächtigkeit zurückzugewinnen. Mit dem wissenden Urteil des späteren Betrachters lässt sich leicht überheblich formulieren, dass er seine Unterlegenheit gegenüber den potenteren Reichsfürsten hätte vorausahnen müssen. Mit den Augen eines Zeitgenossen gesehen, war sein Verhalten im mindesten verständlich, vielleicht sogar konsequent und unvermeidlich. Was Ulrich von Hutten für sich selbst und seinen literarischen Kampf gegen die etablierte Kirche als Motto formuliert hatte, galt unter veränderten Vorzeichen in gleicher Weise für seinen Weggefährten Franz von Sickingen: *Ich habs gewagt.*

Das Hutten-Sickingen-Denkmal unterhalb der Ebernburg – Ansicht von Nordosten, vor 1908

In den folgenden sechs Kapiteln wird das Phänomen Franz von Sickingen von unterschiedlichen Seiten beleuchtet, um einen Eindruck seines Lebens in seiner gesamten Vielfalt vermitteln zu können. Am Anfang steht die Erörterung der Frage, woher seine Familie ursprünglich kam, wie lange sie sich nachweisen lässt und welchen Einfluss sie ausgeübt, aber auch welche Möglichkeiten sie Franz vor allem in finanzieller Hinsicht eröffnet hat. Dazu gehört ein Blick auf den Besitzstand des Sickingers, der die Ausgangsbasis für seine weitreichenden Ambitionen war. Aus dem Kreis seiner zahlreichen Parteigänger werden mit Hartmut XII. von Kronberg, Heinrich XIII. von Dahn und Johann III. Hilchen von Lorch sowie den Gemeinern der Burgen Steinkallenfels und Lützelburg überzeugte und tatkräftige Anhänger vorgestellt, während Philipp II. Kämmerer von Dalberg nicht mehr als wohlwollende Neutralität wahrte. Auf der Gegenseite standen mit Erzbischof Richard von Trier, Landgraf Philipp I. von Hessen und Pfalzgraf Ludwig V. ein gesetzter

und zwei noch junge Fürsten, die ihre Interessen gegen den Sickinger letztlich gewaltsam zu verteidigen verstanden und hier ebenfalls porträtiert werden. Zum Spiel der politischen Kräfte dieser Zeit gehören jedenfalls die Vertreter der Reformation, die mit ihren Schriften die bisherigen religiösen Ansichten in wichtigen Bereichen verwarfen, was Franz von Sickingen in nicht unerheblichem Maße für seine Zwecke nutzte. Ein Blick auf seinen in zahlreichen Schriftquellen durchaus unterschiedlich geschilderten Tod auf Burg Nanstein im Jahr 1523 beschließt den Gang durch sein Leben. Festgemacht werden alle Porträts an speziellen Orten, wo die betreffenden Persönlichkeiten gewirkt haben oder wo in späteren Zeiten Stätten der Erinnerung an sie geschaffen worden sind.

Abschließend sollen sechs Vorschläge für Reiserouten mit regionalem Schwerpunkt dazu ermuntern, sich in kompakter Weise auf die Spuren Franz' von Sickingen, seiner Anhänger, zeitgenössischer Reformatoren, aber auch seiner Gegner zu begeben.

Die Belagerung von Burg Nanstein 1523 – Kupferstich von N.N. [Matthäus Merian d.Ä.] nach unbekannter Vorlage, vor 1674

Dass dieses vorliegende Buch zustande kommen konnte, bedarf des Dankes an zahlreiche Personen und Institutionen, die auf ganz verschiedene Art und Weise behilflich waren. So gilt zunächst ein Dankeschön der Generaldirektion Kulturelles Erbe Rheinland-Pfalz – namentlich in Person von Herrn Thomas Metz (Generaldirektor) und Frau Dr. Angela Kaiser-Lahme (Direktorin Burgen, Schlösser, Altertümer Rheinland-Pfalz) –, die sowohl die Idee zu dieser Publikation entwickelt als auch deren Finanzierung übernommen hat.

Für die wichtige Arbeit des Lektorats und ein stets offenes, geduldiges Ohr weiß sich der Autor Frau Elisabet Petersen M.A. vom Verlag Schnell & Steiner in Regensburg verbunden, wo das Buch in gewohnt gediegener Ausstattung das Licht der Welt erblickt hat. Schließlich sei den Damen Dr. Angela Kaiser-Lahme (Koblenz), Astrid Sibbe und Margarete Thon (beide Lahnstein) sowie den Herren Dr. Ansgar S. Klein (Bonn) und Heinz Thon (Lahnstein) sehr herzlich für nicht selten entsagungsvolle, immer drängende Korrekturarbeiten und zahlreiche sachliche Hinweise gedankt.

Fachliche wie menschliche Unterstützung leisteten vor Ort und in der Ferne gern und unkompliziert Frau Ketterer-Senger M.A. und Herr Florian Hasenknopf (beide Generaldirektion Kulturelles Erbe Rheinland-Pfalz, Direktion Burgen, Schlösser, Altertümer, Koblenz), und die Herren Dr. Günter Frank (Europäische Melanchthon-Akademie Bretten), Günter Frey (Annweiler), Gerhard Gareis (Vallendar), Dr. Heinrich Kowarsch (Oberderdingen-Flehingen), Klaus Storck (Lorch), Uwe Welz (Kaiserslautern) sowie das Melanchthonhaus (Bretten), die Pfarrei Heilig Kreuz Rheingau (Geisenheim), die Rheinische Landesbibliothek (Koblenz), das Landeshauptarchiv Koblenz, die Pfarreiengemeinschaft Landstuhl, das Hessische Staatsarchiv Marburg, das Stadtarchiv Rüsselsheim, die Gedächtniskirchengemeinde Speyer, die Pfälzische Landesbibliothek (Speyer) und das Heeresgeschichtliche Museum Wien.

Die Familie von Sickingen: Aufstieg und Karrieren

St. Maria Magdalena in Sickingen – Ansicht von Süden

Burg und Pfarrkirche St. Maria Magdalena Sickingen

Die Ursprünge der Familie von Sickingen lassen sich nicht weiter als bis in die zweite Hälfte des 13. Jahrhunderts zurückverfolgen. Ein lange Zeit für das Jahr 936 angenommener Albrecht von Sickingen entbehrt ebenso jeder Beweiskraft wie die noch immer populäre Erzählung von zwei im Jahr 1158 um das väterliche Erbe kämpfenden Brüdern, von denen der Sieger Eberhard anschließend den darauf reflektierenden Namen »Sickingen« (= »Siegingen«) angenommen, der unterlegene Reinhard sich aber »Flehingen« (= »Fliehingen«) genannt habe. Tatsächlich ist die Grabplatte eines 1262 verstorbenen Albert Lang Hofwart von Sickingen in der Kirche St. Maria Magdalena in Oberderdingen-Flehingen das älteste Zeugnis für das gleichnamige Geschlecht.

In der Folgezeit spaltete sich die Familie in drei Zweige des Hauptstamms (Reinhardische, Hansische und Schweikardische Linie, jeweils ab dem 14. Jahrhundert) und die Linie der Hofwarte (ab dem 13. Jahrhundert) auf. Zahlreiche Mitglieder stiegen im Dienst der Kurfürsten von der Pfalz als Amtleute, Vögte und Hofmeister auf. Reinhard von Sickingen (um 1417–1482) amtierte von 1445 bis zu seinem Lebensende als Bischof von Worms.

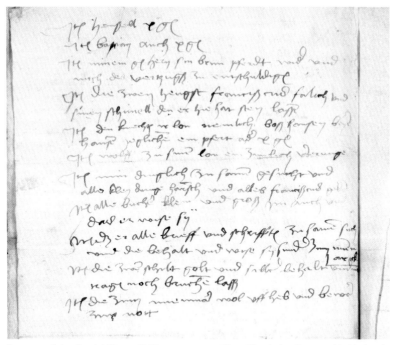

Testament Schweikards VIII. von Sickingen, vor 1505, Bl. 9v (Hessisches Staatsarchiv Marburg)

Schweikard VIII. von Sickingen

Von überragender Bedeutung ist Schweikard VIII. (nachgewiesen seit 1459), der neben zahlreichen Ämtern seiner Familie insbesondere durch seine Heirat mit Margarete, der Erbtochter des Geschlechts der Puller von Hohenburg, vor dem Jahr 1466 einen exorbitanten Zuwachs an Besitztümern einbrachte. Seine Persönlichkeit beschreibt eindrucksvoll die aus der Mitte des 16. Jahrhunderts stammende Flersheimer Chronik: »Herr Schweikard von Sickingen ist dieses Franz' Vater gewesen, ein verständiger, weiser Mann, auch ein trotziger und kecker Ritter. Weil er auf der Straße gegen die ihm unbekannte Verordnung, gemäß der Waffen abgegeben werden mussten, verstoßen hatte und gezwungen worden war, seinen Dolch von seinem Körper abzugurten, ist er wegen dieser Schmähung der Stadt Köln Feind geworden. Er hat sie mannhaft bekriegt, indem er Anschläge verübte, und sich vorgenommen, die Stadt Köln einzunehmen, ... und großen Schaden getan. Er ist pfälzischer Hofmeister gewesen und zu Landshut im Bayerischen Krieg in Ausübung seines Amtes gestorben ...«. Schweikard, der 1495/96 sogar eine Pilgerreise nach Jerusalem unternommen hatte, hinterließ bei seinem Tod 1505 bedeutende Finanzmittel und Besitzungen. Genau dieses Vermögen war es, das seinem ältesten Sohn Franz die Verwirklichung seiner weitreichenden Ambitionen überhaupt erst ermöglichen sollte.

Burg Sickingen

In der schon 784 nachgewiesenen Ortschaft Sickingen wird erstmals 1340 eine Wehranlage erwähnt, als der Edelknecht Eberhard von Sickingen dem Mainzer Erzbischof Heinrich III. Güter »vor der Burg« zu Lehen auftrug. Diese Burg wurde 1353 von einem Aufgebot der Städte Speyer, Worms und Mainz sowie der Grafen von Leiningen und Sponheim geplündert und in Brand gesteckt. Es scheint dieselbe Anlage zu sein, die – wohl nach Wiederaufbau – Siegfried von Strahlenberg ausdrücklich als sein Eigengut (*myn eygen zů Sickingen burg und dorff*) 1368 an Pfalzgraf Ruprecht I. verkaufte. Von den Pfalzgrafen in der Folgezeit als Lehen an die gleichnamigen Herren ausgegeben, entwickelte sich Sickingen zu einer klassischen Ganerbenburg im Alleinbesitz der gleichnamigen Familie, wie ein zwischen den Mitgliedern der Linie der Hofwarte und der Schweikardschen Linie 1443 aufgesetzter Burgfrieden veranschaulicht.

Vermuteter Bergfriedrest im unteren Teil des Kirchturms – Ansicht von Südosten

Weitere gesicherte Einzelheiten sind angesichts eines eklatanten Mangels an Schriftquellen sowie fehlender Baureste – es hat sich keinerlei Mauerwerk erhalten – unbekannt. Ob es sich bei dem unteren Teil des Kirchturms von St. Maria Magdalena tatsächlich, wie landläufig vermutet wird, um den Stumpf eines Turms der Burg handelt, muss ohne weitere Bauforschung offen bleiben. Von einer um die Mitte des 16. Jahrhunderts durch die Sickinger errichteten Schlossanlage sind ebenfalls keine baulichen Reste, sondern lediglich Spolien überliefert.

Die Pfarrkirche St. Maria Magdalena

Eine erste Kirche in Sickingen wird zwar bereits 1281 erwähnt, doch bleibt unklar, inwieweit dieses Gebäude mit der heutigen Pfarrkirche St. Maria Magdalena identisch ist. Nach Ausweis der Inschrift eines Gewölbeschlusssteins (*Conrat von Syckingen und frow Cristina von Wamscheyt sin elich frow* = Konrad von Sickingen und Frau Christina von Wanscheid, seine eheliche Frau) lässt sich immerhin erkennen, dass der Chorbereich 1523 durch Konrad von Sickingen († 1540) errichtet worden ist. Sein gegenwärtiges Aussehen erhielt das Gebäude durch eine 1876 vorgenommene Erhöhung des Turms und durch eine von 1890 bis 1893 dauernde Sanierungsmaßnahme im Innenraum.

Im Inneren befinden sich sechs Grabsteine von Angehörigen der Familie von Sickingen. Wichtigstes, wenn auch zunächst wenig eindrucksvolles dieser Monumente ist die an der Nordwand des Langhauses sichtbare, 2,40 Meter hohe und 0,90 Meter breite Grabplatte des Albert Langer Hofwarts von Sickingen. Laut mehrfach nachgemeißelter und durch Steinfraß beschädigter Inschrift verstarb Albert am 5. Februar 1262 (*ANNO D[OMI]NI MCCLXII IN DIE BEATE AGATE*

VIRG[INIS] O[BIIT] ALBERHT[US] D[I]C-
[TU]S LANG[ERUS] HOFWART ARMIG[ER]
DE SIGGIGEN REQIESCAT IN S[AN]C[T]A
PACE = Im Jahre des Herrn 1262 am Tag
der hl. Agatha ist gestorben Albert, gen.
Langer, Hofwart, Edelknecht von Sickin-
gen. Er möge in heiligem Frieden ruhen).

An der Nordwand des Chors steht das
3,50 Meter hohe und 1,50 Meter breite
Sandsteinepitaph der Lucia von Andlau,
der ersten Ehefrau Franz Konrad von Sickingens (1511–1572), die 1547 im Alter
von nur 33 Jahren aus dem Leben schied.
Das sehr schöne Grabmal zeigt neben der
geschmackvoll erarbeiteten Frauenfigur
und einer Tafel mit personenbezogener
Inschrift die Ahnenwappen der Verstorbenen. In unmittelbarer Nähe würdigt
ein monumentales, ca. 7 x 3 Meter großes
Doppelgrabmal im unteren Teil Franz d. J.
von Sickingen-Sickingen (1539–1597) und
dessen Ehefrau Anna Maria von Venningen
(† 1582) sowie im oberen Teil beider Sohn
Schweikard (1570–1642) und dessen Gat-
tin Maria Magdalena von Kronberg. Das
bereits zu Lebzeiten Schweikards wohl um
1600/1610 errichtete Sandsteinepitaph –
aus diesem Grund fehlt bei ihm und seiner
Gemahlin die Sterbeinschrift – zeichnet
sich durch eine klare Gliederung in zwei
Geschosse mit jeweils zwei von Säulen
eingefassten Nischen aus, die von reichen
Ornamenten, Inschriften und Ahnenwappen eingerahmt werden.

An der gegenüberliegenden Südwand
des Langhauses befindet sich das 1,35
hohe und 1,60 Meter breite, vergleichsweise bescheidene sockellose Grabmal
Hans' VII. (1502–1547), des zweiten Sohns

Grabplatte
Albert Lang
Hofwarts
von
Sickingen
(† 1262)

des Franz von Sickingen. Besondere Aufmerksamkeit verdienen hier der Wahl-
spruch des Toten (*BEDENCK DAS ENDE*),
die auch hier angefügten Ahnenwappen
und die personenbezogene Inschriftplatte
mit einem kleinen Wappen der Sickinger.

**Pfarrkirche St. Maria
Magdalena Sickingen**
*Kirche mit zahlreichen
Grabdenkmälern der Sickinger*
Adresse: Kürnbacher Straße 2,
75038 Oberderdingen-Flehingen
Telefon: 07258 331
(Katholisches Pfarramt,
Mo. 9–11 u. Do. 14–16 Uhr)
Internet: -.-.
Besichtigungsmöglichkeit:
nach Vereinbarung

Gewölbe-
schlussstein im
Chorgewölbe
mit Wappen
Konrads von
Sickingen und
Datierungsin-
schrift 1523

Frönsburg – Luftaufnahme von Westen, 2003

Frönsburg

Die nahe der elsässisch-pfälzischen Grenze gelegene Frönsburg – erstmals 1235 mit einem Eberhard von Frönsburg/Freundsberg erwähnt – befand sich im 13. Jahrhundert im wohl ungeteilten Besitz eines gleichnamigen Geschlechts. In der ersten Hälfte des 14. Jahrhunderts gelang es Reinhard aus der Hofwart-Linie der Herren von Sickingen, sich Zugriff auf einen Viertelanteil an der Anlage zu verschaffen, indem er eine Tochter mit Ludwig von Frönsburg verheiratete. Neben diesen beiden teilten sich zu dieser Zeit mit dem Ehepaar Else von Frönsburg und Siegfried Lymelzun von Lewenstein insgesamt drei Parteien den Besitz der Burg.

Nach Aussage der allerdings sehr tendenziösen Schriftquellen verübte Reinhard in der Folgezeit mehrfach Überfälle auf Reisende. Nach einem besonders schwerwiegenden Übergriff auf Bürger aus der Reichsstadt Weil zog 1348 der Reichsvikar für das Elsaß und den Speyergau, Johann von Lichtenberg, auf Beschluss der Landfriedensrichter mit einem Aufgebot des Landfriedensbundes vor die Frönsburg und eroberte sie binnen kurzer Zeit. Nach

längeren, teils gewaltsamen Auseinandersetzungen verkaufte Reinhard sein Viertel schließlich 1350 dem Landfrieden für 1.400 kleine Gulden, während die Frönsburger Familie ihre Anteile 1358/89 Pfalzgraf Ruprecht I. zu Lehen auftrug. 1436 gab Pfalzgraf Ludwig V. die Anlage an Heinrich Mauchenheimer zu Lehen aus, 1445 dann anwartschaftlich an Heinrich von Fleckenstein. Es ist völlig offen, wann es den Fleckensteinern gelang, die Frönsburg ganz in ihren Besitz zu bringen. Ein gemäß einer Inschrift von 1485 (?) am Burgtor des Südfelsens stattgefundener Um- oder Wiederaufbau dürfte auf ihre Initiative zurückgehen.

Nach der Zerstörung durch französische Truppen unter Montclar 1677 wurde die Anlage nach dem Aussterben der Fleckensteiner 1720 als pfälzisches Lehen eingezogen. 1826 fiel sie durch eine Grenzregulierung zwischen Bayern und Frankreich dem französischen Staatswald Lembach zu.

Die Frönsburg präsentiert sich dem Besucher als höchst beeindruckender mittelalterlicher Wehrbau in Spornlage, der den gesamten schmalen Burgfelsen intensiv für Räumlichkeiten und Gänge nutzt. Die geringen Reste an Mauerwerk stammen

Blick vom südlichen Burgteil auf den Felsen der Oberburg

wohl sämtlich aus dem 14. und 15. Jahrhundert.

Gegen die Bergseite sichert nördlich ein breiter, später zunächst erweiterter und dann überbauter Halsgraben die Gebäude. Der mittelalterliche Zugang zur Kernburg scheint wie auch heute noch als Pfad auf den nordöstlichen Felsabsatz geführt zu haben und von dort aus über eine Zugbrücke zu einem Burgtor, an dessen Torschwelle heute eine moderne Leiter befestigt ist.

Die Kernburg selbst beeindruckt mit ihrem 65 Meter langen riffartigen Sandsteinfelsen und übereinander liegenden, aus dem Gestein herausgeschlagenen und

Datierungsinschrift 148. (wohl 1485) über der spitzbogigen Eingangspforte zum südlichen Burgteil

jetzt offenen Kammern. Gut zu erkennen sind die beiden früher innerhalb der Gebäude liegenden und mit Unterbrechungen versehenen Felstreppen zur Oberburg. Der nördliche, durch eine Wachtstube führende Aufgang kann seit 2002 über eine neue Stahltreppe wieder benutzt werden.

Die auf dem Hauptfelsen gelegene Oberburg bot nur wenig Platz, wurde jedoch für wenigstens zwei Häuser genutzt. Das nördliche nahm die Südwand des Felsturms in sich auf und zog sich, kaum fünf Meter breit, über mehr als zwei Drittel der Plattform entlang. Eine schmale Tür führte in das zweite, in Fachwerk ausgeführte Gebäude, von dem nichts mehr erhalten ist. Von dem für einen Turm benutzten Felskopf im Norden ist lediglich noch der Fundamentansatz der Außenwand mit Resten von Schießscharten erkennbar.

Vor dem Südende der Kernburg mit einem einst überbauten Zisternenschacht führt eine Brücke zum isoliert stehenden Südfelsen, der früher ein turmartiges Gebäude trug. Außer einer spitzbogigen Eingangspforte mit der Jahreszahl 148. (wohl 1485), einer nischenartigen Felskammer und Resten der sich anschließenden Mauer hat sich dort nichts mehr erhalten.

Burgruine Frönsburg
Offene Ruine
Adresse: 2 km östlich der Gemeinde 67510 Niedersteinbach (Frankreich), von einem an der D 3 (Niedersteinbach – Lembach) 1 km östlich von Niedersteinbach gelegenen Parkplatz aus auf teilweise ausgeschildertem Fußweg zu erreichen
Tel.: 0033 388944316 (Fremdenverkehrsverein von Lembach und Umgebung / Syndicat d'Initiative de Lembach et Environs)
Internet: -.-
Besichtigungsmöglichkeit: jederzeit frei zugänglich

Burg Trifels – Blick von Süden auf die Kernburg mit Wachthaus und Hauptturm, nach 2008

Burg Trifels

Der Trifels – eine der bedeutendsten Burgen des Mittelalters im deutschen Sprachraum – wird erstmals 1081 urkundlich erwähnt, als ein Diemar von Trifels einem namentlich nicht genannten römisch-deutschen König – offensichtlich nicht etwa Heinrich IV., sondern dessen Gegenkönig Hermann von Salm – die Anlage übergab. Gemäß allerdings sehr spärlicher Funde aus keltischer und römischer Zeit könnte sich schon zu dieser Zeit eine Bebauung auf dem Berggipfel befunden haben. Fest steht jedenfalls, dass zur Zeit der salischen Könige und Kaiser eine Burganlage im eigentlichen Sinn errichtet worden ist.

Im Jahre 1112 übergab der Mainzer Erzbischof den Trifels Kaiser Heinrich V., der die Burg schon ein Jahr später erstmals zur Verwahrung prominenter Persönlichkeiten nutzen ließ. Von 1193 bis 1194 diente sie für fast ein Jahr als Haftort für den englischen König Richard I. Löwenherz und wenig später für hochrangige sizilische Gefangene. Darüber hinaus wurde ab 1195

der umfangreiche Normannenschatz, der während der Eroberung des Königreiches Sizilien in die Hände Kaiser Heinrichs VI. gefallen war, auf der Burg aufbewahrt. Teile der Einnahmen einer zweifellos in Annweiler gelegenen königlichen Münzstätte, die spätestens 1219 anlässlich der Stadterhebung der Ortschaft durch König Friedrich II. begründet worden war, sollten dem weiteren Ausbau des Trifels zugute kommen.

Nach dem Tod der beiden letzten staufischen Herrscher Friedrich II. (1250) und Konrad IV. (1254) begann die Zeit ohne einen einmütig gewählten König im römisch-deutschen Reich (»Interregnum«). Gerade in den nachfolgenden zwei Jahrzehnten offenbarte sich, dass der Trifels mit den hier aufbewahrten Reichsinsignien für jeden Thronanwärter das wichtigste Legitimations- und Machtmittel war. Gelang es einem Kandidaten wie etwa dem englischen Grafen Richard von Cornwall im Jahr 1258, die Burg in seine Hand zu bekommen, dann war das wichtigste Hindernis auf dem Weg zum Königsamt be-

Wachthaus, Hauptturm und Palas von Südosten – Lithographie von [ ] Becquet nach Zeichnung von [François-Jules] Collignon, vor 1837

seitigt. Das 19. und 20. Jahrhundert haben diese Vorgänge in den modernen, aber keineswegs dem Mittelalter entstammenden Spruch »Wer den Trifels hat, hat das Reich« zu kleiden versucht.

Mit dem Ende des Interregnums endete auch die glanzvolle Zeit des Trifels.

Die wohl bereits 1273 von König Rudolf (von Habsburg) auf die in der heutigen Schweiz gelegene Kyburg beorderten Reichskleinodien kehrten nach einem kurzen Zwischenspiel unter König Adolf (von Nassau) nicht mehr zurück. Während der Herrschaft Kaiser Ludwigs IV. (des Bayern)

Burg Trifels – Luftaufnahme von Osten, 2004

wurde der Trifels 1330 an die Pfalzgrafen Rudolf II. und Ruprecht I. verpfändet und verlor damit faktisch seinen Status als Reichsburg, auch wenn die römisch-deutschen Könige nominell nach wie vor Eigentümer blieben.

Wohl schon kurze Zeit später dürften die Pfalzgrafen einen eigenen Amtmann eingesetzt haben, der die Burg in ihrem Auftrag verwaltete. Zu diesen Amtleuten gehörte Eberhard von Sickingen (nachgewiesen 1366–1421, † vor 1424), der 1389 und 1403 als *amptmann zu Driefels* erwähnt wird. Noch im selben Jahr 1403 von Konrad Landschaden von Steinach abgelöst, machte er als pfälzischer Rat König Ruprechts Karriere, dem er 1405 als Hofmeister zur Verfügung stand.

Nach spätmittelalterlichen Ausbauten und Reparaturmaßnahmen im 16. Jahrhundert brannten 1602 große Teile des nur noch mit ärmlichem Inventar ausgestatteten Trifels nach einem Blitzschlag ab. Dem später einsetzenden Verfall konnte in der Mitte des 19. Jahrhunderts und insbesondere nach Gründung des Trifelsvereins 1866 Einhalt geboten werden. Nach kurzer Grabung und Freilegungsarbeiten 1937/38 begann der Wiederaufbau des Trifels, der

Kapellenerker am Hauptturm

zu einer »nationalen Weihestätte« ausgestaltet werden sollte. Erst nach 1945 konnten die nur wenig an historischen Vorgaben ausgerichteten Baumaßnahmen abgeschlossen werden.

Burg Trifels besteht im Wesentlichen aus der Kernburg mit Hauptturm, Palas, Wachthaus und zwei modernen Wohngebäuden sowie aus dem auf der Nordseite vorgelagerten Brunnenturm. Auf der Ostseite befinden sich zudem derzeit kaum noch sichtbare Reste salierzeitlichen Mauerwerks (11./12. Jahrhundert), ein Schalenturm aus dem 16. Jahrhundert und der bergauf führende, von Mauern eingefasste Weg zur Kernburg mit zwei spätmittelalterlichen, jedoch stark überformten Toren und zwei seitlich in den Fels getriebenen Viehtränken.

Der eindrucksvolle Hauptturm aus der Zeit um 1200 besitzt in seinen drei unteren Geschossen sorgfältig bearbeitete, oft auch mit Wolfslöchern oder Steinmetzzeichen versehene Buckelquader. Den Turmeingang mit seinem rundbogigen Portal und davor liegendem kleinen Hof, in dem sich der runde Entnahmeschacht einer Filterzisterne und die Ruine des Wachthauses zeigen, erreicht man heute vom Burghof aus über eine neue Treppe. Das Eingangsgeschoss des Turms unterteilt sich in zwei Räume mit Kreuzgratgewölben, von denen jeweils eine Treppe in der Westmauer aufwärts zum Vorraum der Kapelle führt. Dieser Vorraum wiederum besitzt ein Tonnengewölbe und in der Nordostecke bemerkenswerte Reste eines Kamins.

Die den Großteil des ersten Turmstockwerks einnehmende Kapelle präsentiert auf ihrer Außenseite eine aufwändig verzierte, vorgewölbte Apsis als Kapellenerker, der von drei Kopfkonsolen – davon die beiden äußeren alt, die mittlere dagegen vor 1900 erneuert – getragen wird. Sein Buckelquadermauerwerk wird durch mehrere Friese und ein Kegeldach, über dem sich eine Sandsteinfigur erhebt, nach oben abgeschlossen. Ob es sich bei dieser Figur, wie oft angenommen, um einen Löwen (»Trifelslöwe«) handelt, lässt sich nicht klären. Das Innere der auf der Nordseite von zwei Blendbögen ornamental aufgelockerten Kapelle ist, was den Steinschmuck anbetrifft, nicht mehr vollständig. Ihr schweres, im 19. Jahrhundert nach Einsturz erneuertes Kreuzrippengewölbe mit abschließendem, geöffnetem Schlussstein wurde früher von Ecksäulen getragen.

Das über der Kapelle liegende dritte Turmgeschoss beherbergt rekonstruierende Nachbildungen von sechs der Reichsinsignien (Krone, Reichsapfel, Zepter, Schwert, Lanze und Kreuz), die im Mittelalter den römisch-deutschen Königen als Herrschaftszeichen zur Dokumentation ihres Machtanspruchs zur Verfügung standen. Das vierte, abschließende Turmgeschoss wurde erst von 1964 bis 1966 ohne historische Vorgaben frei ergänzt, um das vermeintliche Ungleichgewicht der Höhenniveaus von Turm und anschließendem Palas aufzulösen.

Der von 1938–1942 über hochmittelalterlichem Mauerwerk neu erbaute Palas ist größtenteils eine völlig freie Schöpfung, die sich an süditalienischen Vorbildern, nicht aber am historischen Baubestand orientiert hat. Auf den alten, an manchen Stellen noch zu Teilen sichtbaren Grundmauern entstand im Widerspruch zur mittelalterlichen Raumeinteilung ein dennoch in seiner Monumentalität beeindruckender Saal über zwei ehemalige Geschosse hinweg. Über eine große Treppe in diesem heute als »Kaisersaal« bezeichneten Raum erreicht man die im oberen Bereich umlaufende, aufwändig durch zahlreiche Säulen gegliederte Galerie.

Besondere Beachtung verdient schließlich der vom nördlichen Burghof aus über eine steinerne Bogenbrücke von 1882 zugängliche, jedoch separiert stehende Brunnenturm, der fast vollständig aus der zweiten Hälfte des 13. Jahrhunderts stammt und einen 79 Meter tiefen Brunnen be-

Brunnenturm von Südosten, 2013

herbergt. Lediglich sein oberer Abschluss, der Rundbogenfries und die abschließenden Zinnen sind Erneuerungen aus dem 19. Jahrhundert.

Burg Trifels

Gegen Eintrittsgebühr zu besichtigende Anlage, Führungen zu festgelegten Zeiten und nach Anmeldung – Ausstellung zur Geschichte der Burg, zahlreiche Veranstaltungen

Lage/Adresse: hoch über 76855 Annweiler gelegen, von dort aus auf ausgeschilderter Fahrstraße oder über gekennzeichnete Fußwege zu erreichen

Tel.: 06346 8470 (Burgverwaltung) Internet: www.burgen-rlp.de (Stichwörter »Alle Objekte«, »Burgen in Rheinland-Pfalz«, »Reichsburg Trifels«)

Öffnungszeiten: 9–17 Uhr (Januar – März, Oktober – November), 9–18 Uhr (April – Oktober), im Dezember und bei widrigen Wetterverhältnissen geschlossen

Wegelnburg – Luftaufnahme von Norden, 2003

Wegelnburg

Mit ihrer Lage auf einem 571 Meter hohen Bergausläufer ist die Wegelnburg die höchstgelegene Burg der Pfalz. Ein in einer Königsurkunde Konrads IV. von 1247 erwähnter, zu diesem Zeitpunkt bereits verstorbener B. (= Burkhard?) von Wegelnburg (*Woeglenberc*), dessen Reichslehen der Herrscher damals an Graf Friedrich III. von Leiningen vergab, liefert den Erstbeleg für die Existenz der Anlage.

1282 zog ein Aufgebot der Stadt Straßburg unter Führung des elsässischen Landvogts Otto IV. von Ochsenstein vor die Burg und eroberte sie offensichtlich innerhalb kürzester Zeit. Die Hintergründe für diese Militäraktion bleiben unklar, doch gehörte die Anlage spätestens seit dieser Zeit zu den Reichsburgen. 1330 verpfändete sie König Ludwig IV. (der Bayer) zusammen mit anderen Reichsburgen und -städten an seine beiden Neffen, die Pfalzgrafen Rudolf II. und Ruprecht I. Dieser faktische Besitzwechsel erwies sich als endgültig, denn die Pfandsumme wurde nicht mehr eingelöst.

Für die Folgezeit sind zahlreiche Verpfändungen für die Burg und das gleichnamige Amt überliefert. Zu den auf der Wehranlage Dienst leistenden pfälzischen Amtleuten zählte Martin I. von Sickingen, der in dieser Funktion für das Jahr 1397 nachgewiesen ist (*Martin von Sickingen amptman zů Weyelnburg*). 1407 verpfändete König Ruprecht dem Ritter Schwarz Reinhard von Sickingen im Gegenzug für ein Darlehen in Höhe von 957 Gulden nicht nur die Wegelnburg, sondern auch noch einen Teil an der unterelsässischen Ortschaft Bischweiler (heute: Bischwiller) und eine Abgabe in Höhe von zwölf Maltern Korn.

Im 15. und 16. Jahrhundert ausgebessert, war die Anlage spätestens 1677 *mehrentheils verfallen*, bevor sie im November 1680 von Soldaten des französischen Generals Montclar gründlich zerstört wurde. Ausgrabungen sowie Restaurierungs- und Sicherungsmaßnahmen in den Jahren 1979–1982 haben zwar den Baubestand gesichert, doch durch unsachgemäße Aufmauerungen und Überformungen das Erscheinungsbild deutlich verunklärt.

Blick von der Oberburg
in den Pfälzerwald
nach Nordosten

Burgfelsen mit dem mittleren Burgbereich von Süden

Die Gebäude der Burg gruppieren sich in drei Bereiche: Ein mittlerer und ein unterer Burgteil erstrecken sich auf der Nordseite eines schmalen, 96 Meter langen Felsenriffs, das als dritten Burgteil mehrere Gebäude trug und Felsenkammern in sich aufnimmt. Nach Süden hin stürzen Fels und Gelände steil ab und verhinderten somit eine Bebauung.

Im oberen Burgbereich erlauben lediglich noch einige ausgehauene Kammern, Durchgänge und Bearbeitungsspuren im Felsen eine vage Vorstellung vom ehemaligen Aussehen der früheren Gebäude. Sämtliches hier sichtbare Mauerwerk stammt aus dem 20. Jahrhundert.

Auf Höhe des mittleren Burgteils befinden sich zwei Zisternen und der Zugang zu einer großen Felskammer mit zwei rechteckigen Fensteröffnungen. Balkenlöcher an der Wand des Aufsatzfelsens weisen auf hier ehemals angelehnte Gebäude hin. Die ergänzte Ecke einer Buckelquaderverkleidung wohl aus der ersten Hälfte des 13. Jahrhunderts am Südwestende könnte von einem Turm oder dem unteren Teil einer Schildmauer stammen.

Im unteren Burgbereich mit südwestlich vorgelagertem Halsgraben und in jüngster Zeit unschön aufgemauerten Brüstungsmauern befinden sich noch drei stark restaurierte Tore, durch die der Weg aufwärts zu den höher gelegenen Bereichen führte. Vergleichsweise am besten hat sich hier ein spätmittelalterlicher, sechseckiger Flankierungsturm mit noch drei Seiten seines Untergeschosses erhalten.

Burgruine Wegelnburg
Offene Ruine
Adresse: auf 571 Meter hohem Berggipfel südwestlich von 76891 Nothweiler, von dort oder von der Nachbargemeinde Schönau auf ausgeschildertem Wanderweg zu erreichen
Tel.: 0261 66750 (Generaldirektion Kulturelles Erbe Rheinland-Pfalz, Direktion Burgen, Schlösser Altertümer)
Internet: www.burgen-rlp.de (Stichwort »Alle Objekte« / »Burgen in Rheinland-Pfalz« / »Wegelnburg«)
Besichtigungsmöglichkeit: jederzeit frei zugänglich

Burg Wartenberg

Bei Wartenberg handelt es sich um das höchst bemerkenswerte Beispiel einer Ganerbenburg, d. h. einer Burg im Besitz einer Erbengemeinschaft. Von einem gleichnamigen, 1155/61 erstmals belegten Geschlecht wohl kurze Zeit zuvor errichtet, befand sich die Anlage in den Händen einer stetig anwachsenden Burggemeinschaft, die 1456 aus 40 Gemeinern bestand.

Eine Verbindung zu den Herren von Sickingen existierte jedenfalls seit dem späten 15. Jahrhundert: 1484 ist Schweikard VIII. als einer der 14 Burggemeiner nachgewiesen, 1502 amtierte er als Baumeister. Die sickingische Teilhabe an der Burg war zweifelsohne der Grund, dass die Anlage, auf der sich Ulrich von Hutten vom November 1521 bis zum Mai 1522 aufgehalten hatte, im Verlauf der Sickingischen Fehde am 13. Dezember 1522 von Truppen der Fürstenkoalition zerstört wurde.

Burg Wartenberg bietet das für eine große Anzahl von mittelalterlichen Wehranlagen typische Bild: Nach ihrer Zerstörung verfallen und nicht mehr aufgebaut, wurde das Mauerwerk von der Vegetation fast gänzlich überwuchert. Da bisher keinerlei Untersuchungen oder gar Grabungen durchgeführt worden sind, findet der

Blick von Norden in den Halsgraben

Besucher eine ungestörte Burgstelle vor. Erkennen lassen sich noch deutlich der Halsgraben, der das ungefähr ovale Areal vom Rest des Bergsporns abtrennt, und an einigen Stellen Spuren von nicht näher definierbarem Mauerwerk.

Burgruine Wartenberg
Offene Ruine
Adresse: auf dem 324 Meter hohen Schloß-Berg östlich von 67681 Wartenberg-Rohrbach gelegen, von dort auf einem Fußweg zu erreichen
Tel.: 06302 6020 (Verbandsgemeindeverwaltung Winnweiler)
Internet: –.–
Besichtigungsmöglichkeit: jederzeit frei zugänglich

Burg Wartenberg - Burgberg von Südwesten

Blick von Süden auf Burg Pfalzgrafenstein, Kaub und Burg Gutenfels (von rechts nach links)

Kaub, Burg Gutenfels und Burg Pfalzgrafenstein

In Kaub verdienen neben den Burgen Gutenfels und Pfalzgrafenstein die bedeutenden Reste der nach 1324 errichteten Stadtbefestigung Beachtung. An fast die komplette Rheinfront wurden wohl schon im Mittelalter Wohngebäude angesetzt, während der darüber liegende, in seinen überformten Resten noch heute begehbare Wehrgang erst im 17./18. Jahrhundert überbaut worden ist.

Stadt und Burgen verdeutlichen beispielhaft den weitreichenden Einfluss der Familie von Sickingen im Spätmittelalter. Erste Bezüge lassen sich zu Beginn des 15. Jahrhunderts feststellen, als König Ruprecht 1403 und 1405 hohe Darlehen bei seinen Räten, unter denen sich mit Schwarz Reinhard, Hamann, Eberhard I. und Reinhard VI. gleich vier Mitglieder der Herren von Sickingen befanden, aufnehmen musste. Im Gegenzug verpfändete er dafür den Rheinzoll (1403) bzw. Stadt und Rheinzoll (1405) von Kaub. Weitere

Schulden der Pfälzer Kurfürsten bei den Sickingern dürften dazu beigetragen haben, dass 1466 ein – namentlich nicht bekanntes – Mitglied der Familie erstmals auch als pfälzischer Amtmann in der Stadt Verwendung fand. Im Jahr 1500 fungierte Konrad von Sickingen als Amtmann in Bacharach und in Kaub.

Burg Gutenfels (Kaub)

Gemäß den Erkenntnissen der Bauforschung soll Burg Kaub – so der ursprüngliche Name von Gutenfels – zu Beginn des 13. Jahrhunderts errichtet worden sein. Wer der erste Bauherr der Wehranlage gewesen ist, geht aus den Schriftquellen nicht hervor. Hinweise wie etwa die Belagerung durch den (Gegen-)König Wilhelm (von Holland) im Jahr 1252 deuten jedoch darauf hin, dass sowohl Ort als

Burg Gutenfels ▶
Luftaufnahme von Westen, 2009

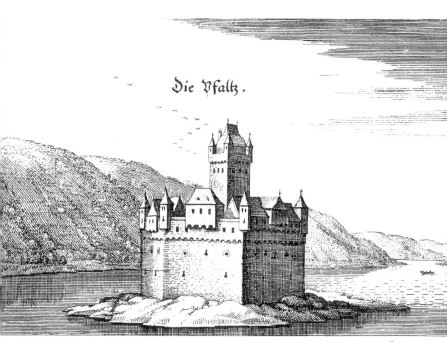

Die Pfaltz.

Burg Pfalzgrafenstein, Kaub und Burg Gutenfels – Kupferstich von Matthäus Merian d. Ä. nach unbekannter Vorlage, vor 1645

auch Burg Kaub von den römisch-deutschen Königen auf Reichsgut gegründet worden sind. 1277 verkaufte der Reichsministeriale Philipp II. von Falkenstein für 2.100 Mark Burg und Stadt an Pfalzgraf Ludwig II. und dessen Erben. Die Pfalzgrafen besetzten in der Folgezeit Kaub mit eigenen Burgmannen unter der Führung eines Burggrafen.

Zu Beginn des 16. Jahrhunderts befand sich die inzwischen aus unbekanntem Grund »Gutenfels« genannte Anlage in einem schlechten Zustand. So waren notwendige Baumaßnahmen unterlassen worden, und der pfälzische Amtmann beschwerte sich darüber, dass er gleichzeitig Kaub/Gutenfels und die Sauerburg beaufsichtigen sollte. An Kampfmitteln führte die Burg zu dieser Zeit lediglich eine Feldschlange (kleine Kanone), zwei Armbruste, sechs Hakenbüchsen, eine (Armbrust-)Winde und ½ Tonne Schießpulver. Im wenig später ausgebrochenen bayerisch-pfälzischen Erbfolgekrieg (»Landshuter Krieg«) wurden Stadt und Burg durch Landgraf Wilhelm von Hessen vom 18. August bis zum 25. September 1504 erfolglos belagert.

Zu Beginn des 19. Jahrhunderts auf Abbruch verkauft, wurde Gutenfels seit 1833, insbesondere aber von 1889 bis 1892 durch den Kölner Architekten Gustav Walter relativ schonend neu errichtet.

Von der mutmaßlich großteils noch hochmittelalterlichen Bausubstanz haben sich mit dem Bergfried an der Angriffsseite und dem sich anschließenden rechteckigen Palas wesentliche Architekturteile erhalten. Insbesondere der dominierende quadratische Hauptturm mit vier Geschossen und einer innenliegenden, noch original erhaltenen Abortnische verdient größte Aufmerksamkeit.

Burg Gutenfels befindet sich in Privatbesitz und ist der Öffentlichkeit nur zu besonderen Anlässen zugänglich.

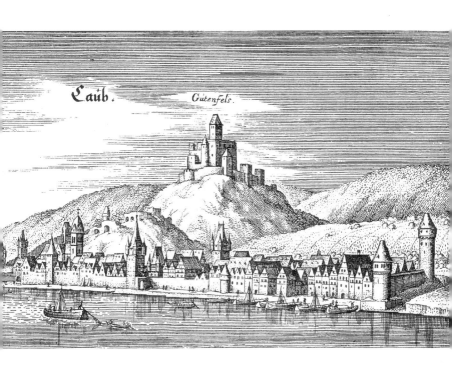

Laub.   Gutenfels.

Burg Pfalzgrafenstein

Der Pfalzgrafenstein, neben der Marksburg über Braubach die einzige unzerstörte mittelalterliche Wehranlage am Mittelrhein, gehört wegen seiner geradezu einzigartigen Lage zu den bekanntesten Burgen am Rhein.

Auf der schmalen Rheininsel Falkenau ließ König Ludwig IV. (der Bayer) kurz vor 1327 einen Turm errichten, der die Zollrechte der rheinischen Pfalzgrafen sichern sollte. Im Streit mit Papst Johannes XXII. um seine Anerkennung als römisch-deutscher König lieferte er damit der klerikalen Seite, die sich bereits zwei Jahre zuvor über den angeblich ungerechtfertigt erhobenen Zoll beschwert hatte, weiteren Grund zur Klage. Doch alle Aufrufe Johannes' XXII. an die rheinischen Erzbischöfe zur Zerstörung des »überaus festen Turms« blieben erfolglos. Der Pfalzgrafenstein blieb nicht nur bestehen, sondern wurde Ende der 1330er Jahre erweitert und mit einer Ringmauer umgeben. Neben ihrer Funktion als Wachtposten scheint die 1329 erstmals als »Pfalzgrafenstein« bezeichnete Befestigung aber kaum militärische Bedeutung besessen zu haben. So wird die Burg während der Belagerung von Kaub 1504 nicht erwähnt, und 1509 leisteten nur ein Wächter und ein Baumeister Dienst. 1607 unter Pfalzgraf Friedrich IV. mit einer aus roten Quadersteinen gefertigten Batterie verstärkt, teilte die Burg während des Dreißigjährigen Krieges das Schicksal der Stadt und wurde mehrfach von wechselnden Truppen besetzt.

In weiteren Ausbauphasen bis in das 18. Jahrhundert hinein erhielt die Anlage ihr markantes, von zahlreichen Erkern, Dachgauben und innen liegenden Wehrgängen geprägtes Aussehen. Noch 1787 gemeinsam mit Gutenfels von einer Invalidenbesatzung mit einer Stärke

Burg Pfalzgrafenstein – Luftaufnahme von Osten, 2002

Napoleon I. mit preußisch-russischen Truppenverbänden von Kaub aus über die Insel des Pfalzgrafenstein auf das linke Rheinufer über.

Kurpfälzische Amtskellerei

Zentrum der pfälzischen Verwaltung in Kaub war seit dem Spätmittelalter die Amtskellerei, die auch den Rheinzoll aufzunehmen hatte. 1503/1504 lagerten angesichts unsicherer Verhältnisse nur noch 140 Malter Korn und 40 Malter Mehl in der Kellerei, aber keinerlei Hafer, Speck und Erbsen. Zum Schutz des Zollbetriebs waren neun Hakenbüchsen, sechs Handbüchsen und drei Tonnen Schießpulver vorrätig.

von mehr als 110 Mann und Geschützen gehalten, wurde die nie zerstörte Burg 1803 von den letzten 25 Invaliden aufgegeben. In der Neujahrsnacht 1814 setzte der preußische Generalfeldmarschall Gebhard Leberecht von Blücher bei der Verfolgung des französischen Kaisers

Wo genau sich die Kellerei- und Zollgebäude befunden und wie diese ausgesehen haben, bleibt unklar. Auf dem Gelände der heutigen »Amtskellerei« (Zollstraße 46, seit 2010 Jugendherberge) soll sich in dem im Innenhof stehenden Gebäude mit polygonalem Eckturm einige Bausubstanz eines spätmittelalterlichen Vorgängerbaus verbergen. Alle dort gegenwärtig sichtbaren Gebäude sind jedoch (zum Teil deutlich) jünger – dies gilt auch für die benachbarte, leider nicht zugängliche Zollschreiberei, die 1552 in einen Abschnitt der Stadtmauer hinein gebaut wurde und einen Eckturm (»Zollschreiberturm«) mit einbezog.

Burg Pfalzgrafenstein
Gegen Eintrittsgebühr zu
besichtigende Anlage
Adresse: im Rhein bei 56349 Kaub, von dort aus nur per Fähre zu erreichen (Abfahrt direkt neben der Autofähre, Parkplätze am Rheinufer)
Tel.: 0261/66750 (Generaldirektion Kulturelles Erbe Rheinland-Pfalz, Direktion Burgen, Schlösser Altertümer)
– 0172 2622800 (Burg) – 0171 3310375 (Fähre zur Burg)
Internet: www.burgen-rlp.de (Stichwort »Alle Objekte« / »Burgen in Rheinland-Pfalz« / »Burg Pfalzgrafenstein«) – www.faehre-kaub.de
Öffnungszeiten: Sa.-So. 10–17 Uhr (Januar – Februar, November), täglich 10–17 Uhr (März), täglich 10–18 Uhr (April – Ende der Sommerzeit), täglich 10–17 Uhr (Beginn der Winterzeit – 30. September) – geschlossen an Montagen, im Dezember und bei Hochwasser; jeweils letzter Einlass 60 Minuten vor Schließung

Kurpfälzische Zollschreiberei von 1552 in Kaub von Westen, 2006

Eigentum und Besitzungen der Familie von Sickingen zur Zeit Franz' von Sickingen (1481–1523)

Die Ebernburg über der gleichnamigen Ortschaft von Osten, 2004

Die Ebernburg

Die Entstehungszeit der Erstanlage der Ebernburg ist nicht mehr zu klären, liegt aber nicht, wie lange Zeit angenommen, bereits im 11. oder 12. Jahrhundert. Erst im 14. Jahrhundert kann man mit Sicherheit von einer Burg Ebernburg sprechen. 1338 vereinbarten Raugraf Ruprecht IV. von Altenbaumburg und sein Onkel, Graf Johann von Sponheim, dass Johann 4.000 Pfund schwarze Turnosen (mittelalterliche Münze) zahlen und außerhalb des Dorfs Ebernburg eine Stadt bauen und freien, in dieser Stadt ein festes Haus aufführen und schließlich auf dem Hutteberg eine Burg errichten sollte. Eine 1347 geschlossene Sühneübereinkunft zwischen Ruprecht und Graf Walram von Sponheim erwähnt dann erstmals eine *Everinburg*, die mit weiteren Gütern bei den Sponheimern verblieb. Der erstmalige Bau dieser Burg ist also auf die Jahre zwischen 1338 und 1347 einzugrenzen.

1416 räumte die verwitwete Gräfin Elisabeth von Sponheim dem Pfalzgrafen Ludwig den Anteil eines Fünftels an zahlreichen Städten und Burgen, darunter auch der Ebernburg, ein. Bereits ein Jahr später steckte Ludwig in einer Teilung mit Graf Johann seinen Burgbereich, für den bei Bedarf sogar der ihm zukommende Teil des Hauptturms niedergelegt werden konnte, akribisch ab. Trotz allen Vorkehrungen kam es dennoch zu Auseinandersetzungen zwischen Sponheimern und Pfälzern, die erst 1436 endgültig ausgeräumt werden konnten.

Nach dem Aussterben der Grafenfamilie ein Jahr später fiel die Ebernburg zum größten Teil an Baden und Veldenz, während ein Pfandschaftsanteil durch Reinhard VIII. von Sickingen ausgelöst werden konnte. Reinhard gelang es vor 1469, die gesamte Herrschaft Ebernburg samt neu gegründetem Kupferbergwerk mit den Dörfern Feil, Bingert und Norheim sowie vier Fünftel der Burg in seinen Besitz zu

Ansicht von Nordwesten – Holzschnitt von Jobst Denecker, 1523

bringen. Sein Sohn Schweikard/Swicker VIII. erwarb 1482 von Kurfürst Philipp von der Pfalz die Herrschaft Ebernburg und konnte sich wohl auch das verbleibende letzte Fünftel der Burg sichern. Zu dieser Zeit war die Anlage allerdings schon sehr verfallen und zeigte an den Gebäuden *mercklichen schadenn*, den der neue Besitzer zu beseitigen hatte. Darüber hinaus begann Schweikard/Swicker mit dem Bau einer Kapelle und fügte die noch heute prägenden vier runden Batterietürme an den Ecken der Anlage hinzu.

Unter seinem Sohn Franz präsentierte sich die Anlage als Burg mit deutlichen Wohn- und Festungselementen, die bis 1523 zahlreichen Reformatoren als Zu-

flucht diente. Unter diesen ragt Ulrich von Hutten hervor, der den Winter 1520/1521 hier verbrachte und in dieser Zeit mehrere reformatorische Schriften verfasste. Aus seiner im Frühjahr 1521 fertiggestellten Schrift »Bulla vel Bullicida« (»Bulle oder Bullentöter« – eine Entgegnung auf die Bannbulle Papst Leos X. gegen Martin Luther vom 3. Januar 1521) stammt die Formulierung, die Ebernburg sei ein *aequitatis receptaculum* (d. h. wörtlich ein »Nährboden/Sammelbecken der Gleichheit«), was seit dem 19. Jahrhundert bis heute romantisch, aber sinnentstellend mit »Herberge der Gerechtigkeit« widergegeben wird.

Mit dem Beginn des Feldzugs Franz' von Sickingen gegen den Trierer Erzbischof

Ebernburg – Luftaufnahme von Süden, 2004

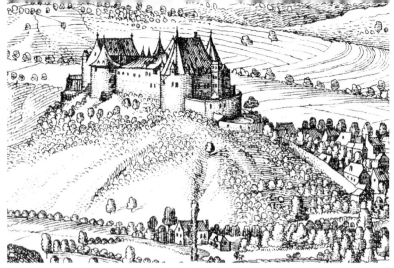

Ansicht von Osten – Kupferstich von N.N. nach unbekannter Vorlage (Ausschnitt), vor 1629

Richard von Greiffenklau, der mit der erfolglosen Belagerung Triers ein unrühmliches Ende nahm, rückte auch die Ebernburg in den Mittelpunkt der Ereignisse. Nach dem Fall von Nanstein und dem Tod des Sickingers wurden auch seine anderen Burgen angegriffen und belagert. Zuletzt traf es die Ebernburg, vor der am 26. Mai der Reichsherold Caspar Sturm erschien. Die wenig mehr als 60 Verteidiger lehnten eine Kapitulation ab und hielten sich nach Beginn der Belagerung noch wenige Tage, bevor sie die Anlage gegen freien Abzug aufgaben. Der pfälzische Kurfürst Ludwig V. ließ die Befestigungen nach Aufteilung des Inventars schleifen und in Brand stecken. Erst 1542 gelang es den Söhnen Franz', die Rückgabe ihrer Besitzungen durch die Fürstenkoalition zu erlangen, woraufhin der älteste Sohn Franz Konrad (1511–1574) sofort mit einem (vertragswidrigen) Wiederaufbau begann.

In den Reunionskriegen lag bis zum September 1697 eine französische Garnison auf der Burg, als Markgraf Ludwig Wilhelm I. von Baden schließlich die Rückeroberung gelang. Der Friedensschluss von Rijswijk im Oktober 1697, gemäß dem auch die Ebernburg niederzulegen war, sorgte rasch für das Ende der Anlage. 1797 wurde die Ruine der Bevölkerung als Steinbruch

offen gelassen. Nach mehreren Besitzerwechseln und Baumaßnahmen im 19. und 20. Jahrhundert dient die Ebernburg heute als evangelische Familienferien- und Bildungsstätte sowie als Restaurant und wird vom 1950 gegründeten Ebernburg-Verein verwaltet.

Die Gebäude gruppieren sich am Ende eines schmalen, langgestreckten Berggrats, der am Zusammenfluss von Alsenz und Nahe hoch über beiden Tälern ausläuft. An

Mauerreste der Burgkapelle mit spätgotischem Gewölbeansatz (1945 zerstört), o. J. [um 1910]

Halsgraben und Geschützturm
(»Hohe Batterie«)

drei Seiten von steil abfallenden Hängen geschützt, sicherten gegen den im Südwesten nur leicht ansteigenden Berghang eine Schildmauer und zwei tiefe Halsgräben die dahinter liegenden Gebäude. Von diesen mittelalterlichen, teilweise noch auf dem Holzschnitt von 1523 sichtbaren Bauwerken hat sich nach Zerstörungen und Umbauten fast nichts erhalten.

Von den unter Schweikard VIII. von Sickingen seit dem späten 15. Jahrhundert vorgenommenen Umbau- und Modernisierungsmaßnahmen lässt sich immerhin noch ein bemerkenswertes Überbleibsel auffinden. So führt der heutige Zugang zur Burg zunächst zu einer im Umriss noch erkennbaren Barbakane (Torbefestigung) vor dem inneren Graben, von der aus sich ein eindrucksvoller Blick auf die in den unteren Bereichen noch historische Bausubstanz der »Hohen Batterie« aus dem frühen 16. Jahrhundert richtet. Ob die beiden anderen nur ansatzweise erhaltenen Rondelle auf der Ostseite ebenfalls noch in diese Zeit zurückreichen oder erst am Ende des 16. Jahrhunderts von den Söhnen Franz' errichtet worden sind, bleibt unklar.

Auf dem weiteren Weg in das Innere der Ebernburg gelangt der Besucher durch einen 1980 vollständig erneuerten Torturm zu einer zwingerartigen Erweiterung der Burg aus dem 17. Jahrhundert (sog. Batterie) und danach in den Hof der Kernburg. Dort befand sich seit 1840 ein »Restaurationsgebäude«, das zwischen 1974 und 1977 grundlegend umgebaut wurde (heute »Haus Sickingen«). In ähnlicher Weise wird der sich rechtwinklig anschließende Querbau wegen seiner Lage an der Stelle eines ehemaligen Wohngebäudes als »Palas« bezeichnet. Weder in Grundriss noch in Aussehen entsprechen dagegen die vier aneinander stoßenden Häuser auf der Ostseite der Kernburg, die 1954–1956 und 1969–1971 als völlige Neubauten hinzukamen, den historischen Vorgaben. Vermauerte Spolien in einem der Gebäude stammen aus dem 15. und 16. Jahrhundert. Der jüngst teilweise freigelegte Brunnen im Hof ist angeblich hundert Meter tief und soll bis auf die Talsohle hinunterreichen.

Noch verhältnismäßig gut haben sich die aufgemauerten und sanierten Befestigungswerke im Nordosten aus der Spätzeit der Burg erhalten, die in ihrer jetzigen Gestalt aus dem späten 16. oder frühen 17. Jahrhundert stammen dürften, vielleicht über älteren Fundamenten errichtet wurden. Jedenfalls handelt es sich um die jüngsten originalen Bauteile der Ebernburg.

Burgruine Ebernburg

Als evangelische Familienferien- und Bildungsstätte sowie als Restaurant genutzte Anlage
Adresse: Ebernburg, 55583 Bad Kreuznach, Stadtteil Bad Münster am Stein-Ebernburg
Tel.: 06708 6176611 (Evangelische Familienferien- und Bildungsstätte) – 06708 2250 (Burgschänke)
Internet: www.ebernburg.de – www.burgschaenke-ebernburg.de
Öffnungszeiten: Burghof und Aussichtsterrassen tagsüber frei zugänglich

Hohenburg – Luftaufnahme von Westen, 2003

Hohenburg

Die in unmittelbarer Nähe zur elsässisch-pfälzischen Grenze gelegene Hohenburg dürfte spätestens in der zweiten Hälfte des 13. Jahrhunderts gegründet worden sein. Der erste mutmaßliche Vertreter einer Hohenburger Familie, der als »Puller« (d. h. »von Apulien«) auftrat, war ein Gottfried Puller, der 1236 für Kaiser Friedrich II. in Italien militärische Dienste versah.

Der Name Hohenburg selbst ist erstmals 1262 belegt, als Konrad und Heinrich von Hohenburg Lehnsbesitz an den Speyerer Bischof Heinrich II. übertrugen. Konrad gilt als der Minnesänger »Püller« der Manessischen Liederhandschrift. Das 14. Jahrhundert zeigt die Familie von Hohenburg in Lehnsbindungen zum Königtum, aber auch zu den Grafen von Zweibrücken und von Veldenz und sogar zu den Erzbischöfen von Köln. Die Bindung an die Pfalzgrafen gewann zunehmend an Bedeutung, als Wirich I. seinen Anteil an der Stammburg 1363 Ruprecht I. öffnete und nach Wirichs Tod dessen Witwe Vye von Wasigenstein 1389 die gesamte Anlage dem pfälzischen Kurfürsten überschrieb. Ihre Hochzeit erlebte die Hohenburger Familie unter Wirich II., der 1434 die Hohenburg samt Zubehör seiner Ehefrau Jutta von Schöneck als Wittum (Witwenversorgung) verschrieb. Nach dessen Tod 1454 geriet der jüngere Sohn Richard in einen Konflikt mit dem Pfälzer Kurfürsten, in dessen Verlauf die Hohenburg eingenommen wurde. Nachdem Richard 1482 in Zürich unter dem Vorwurf der Sodomie verbrannt worden war, fiel sein Nachlass zum größeren Teil einschließlich der Burg an Schweikard/Swicker VIII. von Sickingen, der 1475 die Schwester Richards, Margarete, geehelicht hatte.

Um 1504 begann Franz von Sickingen mit einem groß angelegten Ausbau der Burg, die ihm ab 1522 allein gehörte. In den Auseinandersetzungen des Jahres 1523 gelang den verbündeten Truppen Kurfürst Ludwigs V. von der Pfalz, Erzbischof Richards von Trier und Landgraf Philipps I. von Hessen die kampflose Einnahme der Hohenburg. Nachdem die sickingische Familie 1542 ihre Güter zurückerhalten hatte, begann Franz Konrad mit einem Wiederaufbau bzw. Umbau, der noch nach seinem Tod um 1578 nicht abgeschlossen war. Sein Sohn Friedrich begründete eine eigene Linie Sickingen-Hohenburg, deren Mitglieder jedoch schon zu Anfang des 17. Jahrhunderts nach Vorderösterreich umzogen und ihre Residenz faktisch aufgaben. Die nun bedeutungslos gewordene Hohenburg wurde im Dreißigjährigen Krieg durch schwedische Truppen beschädigt und endgültig 1680 durch französische Truppen unter Montclar zerstört. Besitzansprüche der Familie Sickingen-Hohenburg gegen die Reunionskammerbeschlüsse scheiterten letztmals 1834/36.

Ältester Teil der Burgruine dürfte ein frei stehender Felsklotz sein, der ehemals als dominierender Turm zum größten Teil von Mauern verkleidet und überbaut war. In seinem Felssockel befinden sich ein heute verschütteter Brunnen und eine in das Gestein getriebene Felsenkammer. Der sich auf der Ostseite anschließende vergleichsweise kleine Burghof zeigt Gebäude unterschiedlicher Zeitstellung, wobei die ältesten noch erkennbaren Bauteile aus der ersten Hälfte des 13. Jahrhunderts stammen. Dazu gehört ein zum Teil in die abgewinkelte Ringmauer integriertes Bauwerk, das wahrscheinlich als Palas diente und von dem sich Reste eines Blendbogens an der später veränderten südlichen Außenwand und sorgfältig gearbeitetes Buckelquadermauerwerk auf der Außenseite erhalten haben.

Welchen Umfang die unter Franz von Sickingen zu Anfang des 16. Jahrhunderts begonnenen, jedoch noch mindestens bis 1587 andauernden Um- und Ausbaumaßnahmen hatten und welche Gebäude unmittelbar auf ihn zurückgehen, bleibt unklar. Gemeinhin wird als gesichert behauptet, dass der im Westteil gelegene massive hufeisenförmige Geschützturm mit einer Mauerstärke von bis zu 4,80 Metern aus dieser Zeit stammt, ohne dass konkrete Belege wie etwa eine inschriftliche Datierung vorlägen. Wappensteine an mehreren Gebäuden dokumentieren immerhin die Bautätigkeit der Herren von Sickingen im 16. Jahrhundert, die das Aussehen der Hohenburg wesentlich veränderte. Dazu zählt das sehenswerte, teilweise leider fehlerhaft sanierte Haupt-

tor – eines der schönsten Renaissanceportale im Elsaß – mit einem umfangreichen Bildprogramm. Seine reliefierten pfeilerförmigen Torgewände sind jeweils mit Rankengeflecht und menschlichen Figuren geschmückt, darunter mit einem die lange Nase zeigenden Narren. Im stichbogigen Türsturz lenken zwei Blumen mit offenen Blütenblättern den Blick auf das sickingische Wappen mit den fünf Kugeln.

Burgruine Hohenburg
Offene Ruine
Adresse: in der Nähe des Hotels und Restaurants Gimbelhof und der Burgruine Fleckenstein nördlich von 67510 Lembach (Frankreich), von dort aus nur auf ausgeschildertem Fußweg zu erreichen
Tel.: 0033 388944316 (Fremdenverkehrsverein von Lembach und Umgebung / Syndicat d'Initiative de Lembach et Environs)
Internet: -.-
Besichtigungsmöglichkeit: jederzeit frei zugänglich

Rekonstruiertes Eingangstor zur Kernburg mit Wappen der Familie von Sickingen, 2011

Burg Nanstein – Ansicht von Süden

Burg Nanstein

Wann genau die auf einem Bergrücken hoch über der Stadt Landstuhl aufragende Burg Nanstein errichtet worden ist, bleibt im Dunkel der Geschichte verborgen. Die landläufige Vermutung, der staufische Kaiser Friedrich I. »Barbarossa« habe ihren Bau um 1160 veranlasst, entbehrt jeden Beweises. In gleicher Weise gilt dies auch für einen Aufenthalt König Heinrichs VI. in *Nannesteine* und für einen 1189/1193 genannten Albert von Nanstein (*Albertus de Nannenstein*), da in beiden Fällen keine Burg genannt wird und somit möglicherweise nur der bereits um das Jahr 830 nachgewiesene Ort Landstuhl gemeint war.

Mit Sicherheit existierte eine Wehranlage somit erst 1253, als in einer Schenkungsurkunde für die Deutschordenskommende Einsiedel bei Kaiserslautern vermerkt wird, dass diese an der »königlichen Straße zwischen der Stadt (Kaisers-)Lautern und der Burg Nanstein« (*strata regia inter opidum Lutere et castrum Nannenstul*) gelegen sei. Wie aus späteren Schriftquellen deutlich wird, handelte es sich bei Nanstein jedenfalls im späten 13. Jahrhundert um eine Reichsburg, die von den römisch-deutschen Königen als Lehen zunächst an die Herren von Daun-Oberstein und nach deren Aussterben 1322 an die Grafen von Zweibrücken kam. Bedingt durch die Lehnsbindung Graf Walrams II. von Zweibrücken für sich und seine Erben, ging Nanstein 1340 in den Besitz der Pfalzgrafen bei Rhein über und wurde dementsprechend an Walrams Erben als pfälzisches (After-)Lehen ausgegeben.

Im 14. und 15. Jahrhundert beherbergte die Anlage eine Burggemeinschaft mit zahlreichen Gemeinern, darunter neben den Grafen von Zweibrücken bzw. Zweibrücken-Bitsch aufgrund von Verkaufs- und Verpfändungsvorgängen auch die Wildgrafen, die Raugrafen sowie die

Grafen von Sponheim, Veldenz, Leiningen und Nassau-Saarbrücken; ohne Wirkung auf die weitere Besitzgeschichte der Burg blieb die Verpfändung von Anlage samt Stadt und Tal an Erzbischof Balduin von Trier durch Raugraf Konrad V. von Altenbaumburg und dessen Frau Elisabeth (1334). Weitere Besitzwechsel zu Beginn und am Ende des 15. Jahrhunderts eliminierten den Charakter einer Reichsburg endgültig.

Der durch Graf Johann V. von Sponheim 1421 an Markgraf Bernhard von Baden und 1434 an Herzog Stephan von Pfalz-Simmern-Zweibrücken verpfändete sponheimische Anteil an der Herrschaft Landstuhl in Höhe von einem Viertel gelangte 1482 auf dem Erbweg an die Herren von Sickingen. Neuer Besitzer war nun der kurpfälzische Hofmeister Schweikard VIII. von Sickingen, der vor 1466 die Erbtochter Wirichs von Hohenburg, Margarete Puller von Hohenburg, geheiratet hatte. Seinem Sohn Franz, der 1505 das Erbe des im Bayrischen Erbfolgekrieg gefallenen Vaters angetreten hatte, gelang es, von 1518 bis 1523 sämtliche anderen Anteile an Burg und Herrschaft größtenteils als Eigentum und zum kleineren Teil als Lehen auf sich zu vereinigen. Seit 1518 begann er mit umfangreichen Um- und Neubauten, die vorwiegend dem Zweck dienten, die Wehranlage feuerwaffentauglich zu machen. Von besonderer Bedeutung war die Errichtung des »Großen Rondells«, das zu den stärksten Geschütztürmen seiner Zeit zählte. 1523 wurde die modernisierte Burg von Kurfürst Ludwig V. von der Pfalz, Erzbischof Richard von Trier und Landgraf Philipp I. von Hessen neun Tage lang belagert und durch den Dauerbeschuss der fürstlichen Artillerie stark beschädigt. Franz von Sickingen erlitt dabei eine so schwere Verletzung, dass er am 7. Mai verstarb.

Im Auftrag der Pfalzgrafen verwalteten kurpfälzische Amtleute den eroberten Nanstein, der erst um 1542 den Söhnen

Brunnenschale mit Ahnenwappen und Inschrift (um 1560) sowie der Statue Franz' von Sickingen (1880)

Franz' als Lehen in Verbindung mit einem ewigen Öffnungsrecht für Kurpfalz und Kurtrier rückerstattet wurde. Den wohl schon zu ihrer Zeit begonnenen Wiederaufbau zu einem schlossartigen Gebäude – noch heute auf einem Kupferstich Caspar Merians, angefertigt vor dem Jahr 1654, sehr eindrucksvoll zu betrachten – vollendete am Ende des 16. Jahrhunderts ein Enkel des Ritters, Reinhard von Sickingen. Im Verlauf des Dreißigjährigen Krieges übergaben kaiserliche Truppen, die acht Jahre zuvor Schloss und Stadt eingenommen hatten, das sickingische Territorium 1643 lothringischen Einheiten, die auch nach dem Westfälischen Frieden 1648 ihre Position behaupteten. Erst Kurfürst Karl I. Ludwig von der Pfalz gelang es 1668, die Lothringer mit Waffengewalt vom Nanstein zu vertreiben; im Anschluss daran ließ er die Befestigungen schleifen. Endgültig zerstörten französische Truppen 1689 die Burg. Dem seit dem 18. Jahrhun-

Burg Nanstein – Luftaufnahme von Süden, 2004

dert einsetzenden Verfall der Ruine wurde seit der Mitte des 19. Jahrhunderts und insbesondere nach 1869 mit ersten Sicherungs- und Freilegungsmaßnahmen Einhalt geboten. In den dreißiger Jahren des 20. Jahrhunderts und in der jüngsten Vergangenheit folgten weitere Sanierungen.

Die älteste, mittelalterliche Anlage von Nanstein nutzte vor allem den wie ein Schiffsrumpf im Gelände aufragenden, langgestreckten Hauptfelsen, der ehemals am Ostende einen viereckigen Bergfried und westlich einen Wohnbau trug. Gegen die gefährdete, leicht ansteigende Bergseite sicherte im Osten eine hohe Schildmauer mit davor liegendem, 1860 zugeschüttetem Halsgraben die dahinter liegenden Gebäude des tieferen Burgbereichs. Die seit dem frühen 16. Jahrhundert durch Franz von Sickingen und seine Nachfahren vorgenommenen Modernisierungen haben die stauferzeitlichen Bauten überformt oder ganz beseitigt. Die wenigen Reste der völlig zerstörten Kernburg werden in ihrem Gesamtbild von neuestzeitlichen Aufmauerungen und dem Baubefund zuwiderlaufenden Begradigungen stark beeinträchtigt. Dies gilt insbesondere für das Mauerwerk auf der Oberfläche der Felsplattform, die lediglich noch einen übersanierten Turmrest und eine moderne Brüstungsmauer aufweist. Von der großteils zu einer Steinmasse verunklärten Schildmauer dürfte der untere Bereich, der glatte Quader mit Zangenlöchern, jedoch keinerlei Buckelquader aufweist, noch aus hochmittelalterlicher Zeit stammen.

Zweifelsfrei auf Baumaßnahmen unter Franz von Sickingen seit dem Jahr 1518 gehen die beiden nur in Resten erhaltenen Geschützbastionen im Westen und Osten des alten Burggeländes (heute als »Kleines Rondell« und »Großes Rondell« bezeichnet) zurück. Insbesondere das »Große Rondell« – ein leicht ovaler, sechsstöckiger Batterieturm mit einem Durchmesser von 26 Metern und einer Mauerstärke von vier bis fünf Metern nebst höchst bemerkenswerten integrierten Geschütz- und Pulverkammern – beeindruckt in seiner monumentalen Größe noch heute, auch wenn die Ruine des 1523 zerstörten Gebäudes 1875 wenig sachgemäß und fast vollständig aufgemauert worden ist. Gleichfalls in diese Zeit gehört ein Portal eines auf der Nordseite des Hauptfelsens errichteten, heute in der Höhe ergänzten Treppenturms, das einen seltenen Vorhangbogen und im Schlussstein das Wappen der Sickinger mit der Jahreszahl 1518 zeigt. Dieser Durchgang führt unmittelbar dahinter zu einer Felsenkammer, die seit dem 19. Jahrhundert mit der Sterbekammer Franz' von Sickingen identifiziert wird. Ob das äußere, 1960 über der Höhe des Bogenansatzes wiedererrichtete Tor gleichfalls noch in das frühe 16. Jahrhundert zurückreicht, bleibt offen. Seine zu beiden Torseiten schräg gesetzten, auf den Weg zielenden Maulscharten gewähren einen guten Einblick in die auf den Kampf mit Feuerwaffen ausgerichtete Befestigungsarchitektur der Frühen Neuzeit.

Portal zum Treppenturm mit Wappenstein von 1518

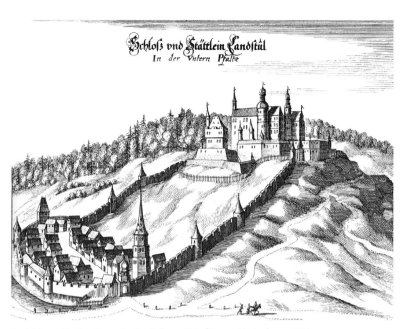

Ansicht von Nordwesten – Kupferstich von N.N. [Caspar Merian], vor 1654

Nach der Rückgabe der Burg 1542 begannen die Söhne Franz' von Sickingen mit weitreichenden, nach Ausweis von Bauinschriften bis zum Ende des Jahrhunderts andauernden Wiederaufbauarbeiten. Der größte Teil dieser Gebäude ist heute verschwunden, doch lässt sich der damalige Zustand an Hand eines Kupferstichs, den Caspar Merian vor 1654 angefertigt hat, gut nachvollziehen. Demnach entstand auf Süd-, West- und Nordseite des ehemaligen Hauptfelsens eine Renaissanceanlage, in deren Nordteil sich außer einem stattlichen Wohnbau mit Treppentürmen ein beherrschender bastionierter Rechteckturm, Stallungen, Dienstwohnungen, Torbauten und ein Zwinger befanden. Einen deutlichen Hinweis auf den schlossartigen Charakter des neu entstandenen Gebäudekomplexes liefert auch eine 1869 im Bauschutt aufgefundene runde Brunnenschale mit vier Wappenpaaren und Inschrift aus der Zeit um 1560. Mit einem neuen Fuß, tragendem Zierpfeiler und einer Statue Franz'

von Sickingen (1880) versehen, bildet sie heute einen malerischen Blickfang auf dem »Kleinen Rondell«.

Burg- und Schlossruine Nanstein
Gegen Eintrittsgebühr zu besichtigende Anlage
Adresse: Burg Nanstein, Burgweg, 66849 Landstuhl
Tel.: 06371/13460 (Burg) – 06371/1300012 (Tourist-Information »Sickingen-Tourismus«)
Internet: www.burgen-rlp.de (Stichwort »Alle Objekte« / »Burgen in Rheinland-Pfalz« / »Nanstein«) – www.landstuhl.de (Stichwort »Tourismus« / »Burg Nanstein«)
Öffnungszeiten: Di.–So. 10–16 Uhr (Januar – März, Oktober – November), Di.–So. 9–18 Uhr (April – September) – an Montagen und im Dezember geschlossen

Das Bergwerk am Rheingrafenstein

Die Ursprünge des Bergbauwesens im Norden der Pfalz reichen bis in die zweite Hälfte des 15. Jahrhunderts zurück. Bereits unter Schweikard/Swicker VIII. von Sickingen lässt sich eine rege Tätigkeit in diesem Bereich beobachten: 1482 erließ der Sickinger eine Ordnung für die Bergwerke im Amt Ebernburg, bevor er ein Jahr später von Kurfürst Philipp von der Pfalz gemeinsam mit zwölf weiteren Adligen mit der Hälfte des Bergwerks am Rheingrafenstein belehnt wurde.

Seinem Sohn Franz gelang es 1511, die restlichen Anteile an diesem Bergwerk Rheingrafenstein auf sich zu vereinigen, deren Besitzer er im Gegenzug als Diener mit einem Wochenlohn von ½ Gulden anstellte. Für den Fall einer erfolgreichen Erschließung von Erz sagte er darüber hinaus zu, den Lohn zu verdoppeln und 40 Gulden für früher angefallene Kosten zu erstatten. Bei einem Fehlschlag der Schürfungen sollten die Anteile wieder an ihre alten Besitzer zurückfallen. Im selben Jahr befreite Kurfürst Ludwig V. von der Pfalz, dem der Sickinger hohe Geldsummen geliehen hatte, die Erzgruben am Rheingrafenstein für ein Jahr vom Zehnten und erteilte die Erlaubnis zum Abbau von Quecksilber nahe dem nordpfälzischen Zisterzienserinnenkloster Daimbach.

Mit dem Verkauf des Bergwerks am *Ringraffensteyn* durch Franz von Sickingen bereits drei Jahre später endet das Engagement der Familie von Sickingen in diesem Bereich abrupt. Am 3. November 1514 übertrug Franz seine Rechte für 3.200 Gulden an den Unternehmer Gregor Hirschberg aus Schneeberg im Erzgebirge, den Münzmeister Jost Kutter und den Heidelberger Bürger Melchior Hecht. Diese und ihre Erben sollten den Zehnten ihres Gewinns entrichten und das Bergwerk instandhalten. Bei einer eventuellen Liquidation war das gesamte Zubehör der Hütte nach einer einmonatigen Kündigungsfrist an die Sickinger zurückzugeben. Die Hintergründe für den Verkauf werden nirgends genannt; ob es sich um finanzielle Nöte Franz' von Sickingen handelte oder ob dieser damit auf eine gemutmaßte Kupferüberproduktion reagierte, bleibt unklar.

Vom ehemals große Gewinne abwerfenden Abbau von Kupfer und Silber am Rheingrafenstein, der endgültig zu Beginn des 17. Jahrhunderts zum Erliegen kam, haben sich nur Spuren erhalten. Der heutige Besucher kann auf der Südseite des steil aufragenden Felsens lediglich noch ein halb verschüttetes »Mundloch« (= Stolleneingang) und rohe Bearbeitungsspuren im Gestein erkennen.

Bergwerk am Rheingrafenstein
Reste des alten Bergwerks
Lage: auf der Südseite des Felsens (300 Meter vom Flussufer landeinwärts), vom Kurviertel von Bad Münster am Stein aus mit der Nahefähre zu erreichen
Tel.: 06708 641780 (Tourist-Information Verkehrsverein Bad Münster am Stein-Ebernburg) – 0160 3572212 (Nahefähre)
Internet: www.bad-muenster-am-stein.de (Stichwörter Entdecken, Sehenswertes, Nahefähre) – www.hajos-faehre.de (Fähre)
Besichtigungsmöglichkeit: verschütteter Stolleneingang von außen

Halb verschütteter Stolleneingang

Blick von Süden auf den Felsen Rheingrafenstein

Luftaufnahme von Süden, 2004

Burg Drachenfels

Die Anfänge der Anlage, die oftmals mit Burg Drachenfels am Rhein über Königswinter verwechselt worden ist, sind völlig ungeklärt. Wenige Schriftquellen, die erstmals für die Zeit um 1245 einen Walter von Drachenfels erwähnen, und das archäologische Fundmaterial weisen übereinstimmend in die Zeit nicht vor der Mitte des 13. Jahrhunderts. Urkunden vom Ende dieses Jahrhunderts bezeugen Streitigkeiten der Vettern Rudolf und Anselm von Drachenfels mit dem Bischof von Worms, die 1288 beigelegt werden konnten. Von diesen beiden Rittern stammen die ältesten erhaltenen Siegel aus dem Jahr 1287, die einen Drachen in einem Spitzschild zeigen.

1314 erlitten die Brüder Berthold, Anselm und Rudolf von Drachenfels im Verlauf der fünfwöchigen Belagerung des benachbarten Berwartsteins durch die Städte Hagenau und Straßburg schwere Schäden auf ihren Besitzungen. Wohl dieses Ereignis war die Ursache für Spannungen zwischen den Städten und den Drachenfelsern in der Folgezeit: Unter dem Vorwurf des Straßenraubs zogen 1335 straßburgische Truppen vor die Burg und zwangen die Besatzung zur Übergabe. Als späte Konsequenz veräußerten die Brüder Eberhard und Anselm von Drachenfels ihre bisherige Stammburg 1344 mit allen Besitzungen an Graf Walram II. von Zweibrücken, der die Anlage Pfalzgraf Ruprecht I. zu Lehen auftrug.

Bis 1398 gelang es den Eckbrechten von Dürkheim als Afterlehnsträgern, die gesamte Anlage in ihren (Lehns-)Besitz zu bringen. Um den baulichen Unterhalt gewährleisten zu können, entschloss sich Heinrich Eckbrecht von Dürkheim, Gemeiner aufzunehmen – 1401 ist ein erster Burgfrieden der späterhin rasch anwachsenden Burggemeinschaft belegt, zu der 1505 sogar Kaiser Maximilian I. in seiner Funktion als Landvogt im Elsaß und Erzherzog von Österreich gehörte.

Wie ein Burgfriedensbrief von 1510 verrät, befand sich Franz von Sickingen (*Franciscus von Sickingen amptmann zu Crutzenach*) spätestens in dieser Zeit unter den insgesamt 25 namentlich aufgeführten Burggemeinern. Obwohl ihm damit nur ein kleiner Anteil der Burg zukam und er keineswegs der Eigentümer war, wurde die Anlage in die Auseinandersetzungen von 1522/23 verwickelt. Am 10. Mai 1523 zogen im Auftrag der drei verbündeten Fürsten drei Fähnlein Landsknechte und 300 Berittene nebst Artillerie vor die Burg, die nach kampfloser Übergabe am nächsten Tag geplündert, in Brand gesteckt und geschleift wurde. Wie der Reichsherold Caspar Sturm, der die Besatzung erfolgreich zur Übergabe aufgefordert hatte, in seinem Bericht vermerkt, war im Inneren »... sonderlich nichts gewesen, als ziemlich gutes Geschütz, genügend Pulver, wie es in einem solchen Schloss vorhanden zu sein gehört; zudem 200 Malter Mehl und etliche Fässer Wein«.

Die Ruine wurde in der Folgezeit als günstige Bezugsquelle von Werksteinen ausgeschlachtet. 1784 beschlossene Wiederaufbaupläne dürften, wie der Baubefund nahelegt, unterblieben sein. Nach ersten Sanierungsarbeiten 1903 hat die Landesdenkmalpflege seit den 1990er Jahren langfristige umfangreiche Erhaltungs- und Ausgrabungsarbeiten durchgeführt, die sich auf Toranlage und Unterburg konzentrierten.

Blick von Osten auf den östlichen Burgteil - Zeichnung von Leopold Eltester, 1869

Ritzzeichnung eines Drachen im Grabenbereich zwischen den beiden Burgfelsen

Burg Drachenfels gliedert sich in einen östlichen (großteils älteren) und einen westlichen (jüngeren) Burgbereich von insgesamt nahezu 200 Metern Länge, die wiederum beide einen unteren und einen oberen, auf senkrecht aufsteigenden Felsenriffen gelegenen Burgteil aufweisen.

Die älteste Anlage befand sich auf und am östlichen Burgfelsen, der noch heute zahlreiche künstliche Gänge, Treppen und Kammern in sich aufnimmt. Auch der ehemalige, heute über eine Stahltreppe ersteigbare Turm auf der obersten Plattform war, wie noch gut zu erkennen, ehemals nichts anderes als ein bearbeiteter Felsklotz mit einer Mauer- oder Fachwerkverkleidung. Auf seiner Plattform zeigt sich der Rest einer Zisterne im Felsboden. Die wenigen noch erhaltenen Mauerzüge in diesem fast komplett abgeräumten, früher aber wohl vollständig mit Fachwerkbauten ausgestatteten oberen Burgbereich erlauben keine verlässlichen Rückschlüsse auf ihre Entstehungszeit. Vom unteren Teil stehen dagegen noch drei relativ gut erhaltene Türme und Reste von Gebäuden und Mauern unterschiedlicher Zeitstellung.

Seine größte bauliche Ausdehnung erreichte der Drachenfels am Ende des 15. und zu Anfang des 16. Jahrhunderts. Die alte Burg erhielt im Ostbereich des Ostfelsens einen neuen Aufgang und wurde mit mehreren neuen Gebäuden und Felsgemächern modernisiert und erweitert. Im unteren Burgteil wurde ein mehrstöckiges Wohnhaus errichtet, an das sich weitere Gebäude anschlossen. Nach den bisherigen Erkenntnissen der Bauforschung gehört auch der markante, durch

(Im oberen Bereich ergänzter) Runderker über dem Zugang zum Großen Torturm

zurückspringende Gesimse gegliederte Torturm in die Zeit um 1500, obwohl seine durchgängig verwendeten Buckelquader mit Zangenlöchern und zahlreichen Steinmetzzeichen auf eine hochmittelalterliche Herkunft zu deuten scheinen. 1903 sind die Bögen der beiden herausgebrochenen Portale als Rundbögen ergänzt worden. Die Torhalle besaß anstelle der modernen Treppe früher sicherlich eine in den Hof des unteren Burgteils führende Reitertreppe. Ebenfalls im Gelände des unteren Burgteils lassen sich die ausgegrabenen Reste von zwei großen, durch einen kleinen Hof voneinander getrennten Gebäuden erkennen, deren Keller noch erhalten sind. Über dem Kellereingang des westlichen Bauwerks hat sich eine Inschrift mit einer in gotischen Minuskeln eingearbeiteten, kaum noch lesbaren Jahreszahl (1515?) erhalten, die 1903 im Bauschutt gefunden und hier vermauert worden ist – diese wäre bisher der einzige konkrete Beleg für eine Bautätigkeit zur Zeit der Gemeinerschaft Franz' von Sickingen. Im Keller des östlichen Gebäudes befindet sich der zugeschüttete Burgbrunnen.

Außerhalb des alten Burgbereichs im Osten entstand auf dem westlichen Burgfelsen gleichfalls am Ende des 15. bzw. am Beginn des 16. Jahrhunderts ein völlig neuer, zweiter Burgbereich. Der alte Halsgraben zwischen Ost- und Westfels wurde mit einem mehrgeschossigen Gebäude, von dem sich nur Balkenlöcher erhalten haben, überbaut und nach außen mit einer halbrunden Mauer geschlossen. Dabei wurde eine ältere Ritzzeichnung eines Drachens an der Grabenwand durch zwei dieser Balkenlöcher teilweise zerstört. Der eigentliche Burgfelsen besitzt eine kleine Unterburg an der Südwand, wo ein Aufgang mit Wachtstube im Fels auf die Plattform zum oberen Burgbereich abzweigt. Der unzugängliche, ursprünglich vollkommen bebaute Felsen zeigt auf seiner Oberfläche keinerlei aufgehendes Mauerwerk mehr.

Oberster Burgfelsen des östlichen Burgteils

Burgruine Drachenfels
Offene Ruine
Adresse: nahe der Drachenfelshütte des Pfälzerwald-Vereins bei 76891 Busenberg gelegen, von dort auf kurzem Fußweg zu erreichen
Tel.: 06391 9196–222 (Tourist-Information Dahner Felsenland)
Internet: www.busenberg.de (Stichwort Drachenfels)
Besichtigungsmöglichkeit: jederzeit frei zugänglich

Hambacher Schloss – Luftaufnahme von Norden, 2001

Kästenburg
(Hambacher Schloss)

Der ursprüngliche, mittelalterliche Name des Hambacher Schlosses, »Kästenburg«, leitet sich vom Namen des Berges (»Kästenberg«) ab, der wiederum von den in der Umgebung wachsenden Kastanienbäumen (mundartlich: »Keschte«) herrührt. Die Bezeichnungen »Hambacher Schloss« und »Maxburg« stammen beide erst aus dem 19. Jahrhundert.

Gemäß Grabungsfunden ist das Areal des Bergsporns schon in spätrömischer Zeit genutzt worden. In Nachfolge einer in spätkarolingisch-ottonischer Zeit errichteten Fliehburg wurde wohl in der ersten Hälfte des 11. Jahrhunderts eine neue Befestigungsanlage errichtet. Bischof Johann I. von Speyer überschrieb diese Burg aus seinem Eigengut zwischen 1090 und 1104 dem Hochstift Speyer, das bis zum Ende des 18. Jahrhunderts Eigentümer blieb.

Die Kästenburg galt im Mittelalter lange Zeit als eine der wichtigsten Befestigungen des Bistums Speyer, worauf zahlreiche Aufenthalte der Bischöfe seit 1180 hinweisen. Die ersten Burgmannen sind aber vor allem als Reichsministerialen und weniger als Dienstleute der Speyerer Kirche bekannt geworden. So machte Trushard von Kästenburg (gen. 1178–1201) am Hof König bzw. Kaiser Heinrichs VI. eine glänzende Karriere, während derer er die Ämter eines Legaten in der Lombardei (seit 1188), eines Podestà von Chieri und Ivrea (1188) und schließlich sogar eines kaiserlichen Stellvertreters in Italien (1193) bekleidete. Ungeachtet von stetigen Modernisierungsmaßnahmen vom 13. bis zum 15. Jahrhundert schwand die Bedeutung der Kästenburg, in deren Burgkapelle am 12. Juli 1388 Nikolaus von Wiesbaden zum Bischof von Speyer geweiht worden war, im Spätmittelalter. Ein 1464 aufgenommenes Inventar belegt die bescheidene Ausstattung, zu der neben Lebensmitteln und

Ansicht von Nordwesten – Stahlstich von M[ ] Storz nach einem Ölgemälde von
[Heinrich J.] Fried, vor 1844

zahlreichem Bettzeug nur ein Esel, zwei Pferde (davon eines blind) und an Waffen 14 funktionsfähige Armbruste mit drei Winden und ungefähr 5.000 Pfeilen sowie sechs Haken-, eine Stein-, vier Hand- und eine Klotzbüchse gehörten.

Zu den speyerischen Burgmannen, deren Residenzpflicht seit 1272 nicht mehr uneingeschränkt galt, gehörte zu Beginn des 16. Jahrhunderts nominell auch Franz von Sickingen, der kein einziges Mal auf der Kästenburg nachgewiesen ist. Jeweils ein Mitglied der Familie Sickingen übte dieses Amt seit 1403 aus, als Reinhard VI. d. J. für seine Tätigkeit von Bischof Raban von Speyer ein als jährliche Entlohnung zu bewertendes Burglehen in Höhe von 20 Maltern Korn und einem Fuder Wein erhalten hatte. Das später aufgebesserte Burglehen war 1507 durch Bischof Philipp von Speyer an Franz und seinen Bruder Konrad gemeinschaftlich verliehen worden; es blieb auch nach den Ereignissen von 1522/23 und dem Tod von Franz im späteren 16. Jahrhundert im Besitz der Familie.

Während des Bauernkrieges 1525 besetzte und plünderte der Nußdorfer Bauernhaufen die Kästenburg, doch blieben die Gebäude offensichtlich von größeren Zerstörungen verschont. Erst 27 Jahre später erlitt die Anlage schwere Schäden, als sie von Truppen Markgraf Albrecht Alkibiades von Brandenburgs, dem eine Brandschatzung von 150.000 Gulden nicht gezahlt worden war, erobert und ausgebrannt wurde. Nach dieser Zerstörung veranlasste Bischof Markward von Speyer lediglich eine notdürftige Instandsetzung als Domizil für den bischöflichen Förster. Während des Pfälzischen Erbfolgekriegs zerstörten französische Soldaten im September 1688 die vollkommen verlassenen Gebäude, die nochmals 1701–1703 notdürftig befestigt wurden. 1793 fiel als letztes Bauwerk die Burgkapelle den Revolutionskriegen zum Opfer. 1797 zum französischen Staatsbesitz erklärt, kam die Ruine nach dem Wiener Kongress an das Königreich Bayern.

Im 19. Jahrhundert wurde die nun auch »Hambacher Schloss« genannte Anlage zu einem Platz für politische Kundgebungen: 1814 feierten deutsche Patrioten den ersten Jahrestag der Völkerschlacht bei Leipzig, 1831 Neustädter Bürger den Jahrestag der französischen Julirevolution. Am 27. Mai 1832 fand in der Ruine dann die als »Hambacher Fest« bekannt gewordene

Saalbau und Abortturm (im Hintergrund) von Osten

Maifeier mit geschätzten 20–30.000 Teilnehmern (genaue Zahlen existieren nicht) statt, die dem Schloss den Beinamen »Wiege der deutschen Demokratie« eingetragen hat. Dennoch oder vielleicht gerade deswegen kauften und schenkten 1842 monarchistisch gesinnte Pfälzer die Burg-/Schlossruine dem bayerischen Kronprinzen Maximilian, der nach einigem Zögern einen Ausbau nach Plänen des Architekten August Voit zu einem Schloss (daher »Maxburg«) veranlasste. Das rasch schwindende Interesse des Bauherren führte jedoch dazu, dass das 1845 begonnene Bauvorhaben bereits Ende des Jahres 1846 nach Verschleppung der Zahlungen seitens der königlichen Finanzkasse eingestellt wurde.

Nach 1945 aus dem Wittelsbacher Ausgleichsfond in den Besitz des Landkreises Neustadt gekommen, folgten 1952, 1980–

1982, 1998–2000 und 2007–2008 Sanierungs- und Wiederaufbaumaßnahmen vordringlich an den Gebäuden der Kernanlage, aber auch an der äußeren Ringmauer. Zuletzt wurde von 2009–2011 ein neues Restaurantgebäude errichtet. Der heutige Betrachter sieht somit in bauhistorischer Hinsicht eine mehrfache, gleichwohl historisch und kunsthistorisch hochbedeutsame Ruine vor sich.

Die Burg- oder besser Schlossruine des heutigen Hambacher Schlosses wird von drei Ringmauern umschlossen, von denen sich die äußere abschnittsweise gut erhalten hat. Deren vielfach repariertes Mauerwerk dürfte als Teil der ersten Burg des 11. Jahrhunderts anzusehen sein. Auf der Nordseite befinden sich ein viereckiger Turm aus dem späten 13. Jahrhundert sowie die Überreste eines weiteren, noch älteren Turms mit Buckelquadermauerwerk aus dem späten 12. Jahrhundert.

Erst im 14. oder im frühen 15. Jahrhundert scheinen die beiden inneren Zwinger mit ihren nur marginal erhaltenen Ringmauern angelegt worden zu sein. Besondere Beachtung verdient ein vor dem Saalbau der Kernburg gelegenes Mauerstück, das den unteren Teil eines halbrunden Schalenturms mit zwei liegenden Schießscharten aufnimmt. Dieses aus fortifikatorischen Gründen nach hinten offene Gebäude stammt aus dem 16. Jahrhundert und ist neben Teilbereichen der Schildmauer das einzige Mauerwerk, das der Zeit Franz' von Sickingen zugeordnet werden könnte.

Die Kernanlage des Hambacher Schlosses gliedert sich in die Ruine des ehemaligen Bergfrieds (Westen), in Wohnbau (Norden), Saalbau (Osten) und Südmauer (Süden) mit einem nur sehr kleinen Innenhof. Der mächtige, ehemals quadratische Bergfried besteht auf seiner allein erhaltenen Westseite (dort ein Aborterker) aus

Oberer Burgbereich mit Saalbau, Abortturm und Wohnbau von Nordosten – Zeichnung von Leopold Eltester, 1843

sorgfältig geschichtetem Buckelquadermauerwerk wohl aus dem späten 12. Jahrhundert. Im Rahmen eines großen Umbaus im 13. Jahrhundert wurden drei Seiten des Turms abgerissen und östlich eine neue, hohe Ringmauer angefügt.

Diese von Pfeilern gestützte Schildmauer zeigt drei unterschiedliche Mauerwerksarten, deren oberste aus rotem Sandstein dem 16. Jahrhundert angehören dürfte.

Bei dem auf der Nordseite gelegenen dreigeschossigen Wohnbau handelt es sich um das im Kern älteste Wohngebäude der Burg, das in Teilen ins 12., möglicherweise gar bis ins 11. Jahrhundert zurückgeht. Seine Nordseite mit ihrer regelmäßigen Durchfensterung und Zinnenabschluss weist eine komplexe Baugeschichte auf. Bereits in mittelalterlicher Zeit (13./14. Jahrhundert) umgebaut, wurde das Gebäude im 19. Jahrhundert in Außen- und Hoffassade durchgreifend verändert und ohne Rücksicht auf die überkommene Bausubstanz zum Schlossbau umgeformt.

An der Nordostecke vermittelt das heute höchste Gebäude, der aus dem 12. Jahrhundert stammende viereckige Abortturm, den Übergang zum Saalbau. Am Fuß des Turms sind drei hochrechteckige Öffnungen zu sehen, bei denen es sich um Auslässe dreier Aborte handelt. Beachtenswert sind die kleinen Fens-

Halbrunder Schalenturm mit liegenden Schießscharten für Geschütze

Fiktive Ansicht des geplanten Schlossbaus – Stahlstich von J[acob L.] Buhl nach unbekannter Vorlage, vor 1855

terchen, darunter ein umlaufend ornamentierter Okulus aus dem frühen 12. Jahrhundert, während die großen Fensteröffnungen erst 1845/46 ins Mauerwerk gebrochen worden sind.

Der die Ostseite der Kernanlage einnehmende dreigeschossige Saalbau zeigt insgesamt 14 große Fensteröffnungen nebst zwei Fenstererkern im zweiten Geschoss, von denen der nördliche allerdings aus Symmetriegründen im 19. Jahrhundert frei ergänzt worden ist. Beim südlichen Erker mit seiner rundbogigen, von einem Dreiecksgiebel mit Rundbogenfries bekrönten Öffnung handelt es sich um einen architektonisch hochbedeutenden kastenförmigen Kapellenerker. Über dem 1845/46 ohne Vorbild aufgesetzten dritten Geschoss schließt ein Dachgesims mit darüber liegendem, ebenfalls erneuertem Zinnenkranz das Gebäude ab.

Burg- und Schlossruine Hambacher Schloss (Kästenburg)
Besichtigung der Schlosshauptgebäude nur mit Führung gegen Eintrittsgebühr; Restaurant 1832
Adresse: Hambacher Schloss, Schlossstraße/Freiheitsstraße (o. Nr.), 67434 Neustadt an der Weinstraße
Tel.: 06321 926290 (Stiftung Hambacher Schloss) – 06321 9597880 (Restaurant 1832)
Internet: www.hambacher-schloss.de – www.hambacherschloss.eu (Restaurant)
Öffnungszeiten: täglich 10–18 Uhr (April bis Oktober), täglich 11–17 Uhr (November – März) – Führungen täglich um 11, 12, 14, 15 und 16 Uhr (April – Oktober), Sa., So., Feiertage um 11, 12 und 14 Uhr (November – März)

Wider die Fürsten:
Die Parteigänger
Franz' von Sickingen

Burg Kronberg von Süden, 2010

Hartmut XII. von Kronberg (1488–1549) und Burg Kronberg

Zwischen den Herren von Kronberg, einem seit 1230 nachweisbaren ehemaligen Reichsministerialengeschlecht, und den Herren von Sickingen bestanden seit der 1463 geschlossenen Heirat Hartmuts XI. (Großvater Hartmuts XII.) mit Elisabeth (Tante Franz' von Sickingen) verwandtschaftliche Beziehungen.

Hartmut XII. wurde 1488 als Sohn des kurpfälzischen und kurmainzischen Amtmanns Johann von Kronberg geboren und lässt sich erstmals 1515 während der Wormser Fehde im Umfeld des Sickingers nachweisen. Seit 1521 stand er auf Seiten der Reformation und verfasste zahlreiche Streitschriften zu Gunsten der Thesen von Martin Luther.

Während Franz von Sickingen 1522 seinen Feldzug gegen Trier unternahm, beaufsichtigte Hartmut in seinem Namen für kurze Zeit die Ebernburg. Unter diesem – rechtlich völlig haltlosen – Vorwand rückten die verbündeten Fürsten am 11. Oktober vor Kronberg, dessen Besatzung sich nach fünftägiger Belagerung und Beschießung endlich ergab. Stadt und Burg, die noch immer Reichseigen-

tum waren, wurden widerrechtlich von Landgraf Philipp von Hessen konfisziert.

Erst 1541 erhielt der noch während der Belagerung mit seiner Ehefrau entflohene Hartmut XII. seine Kronberger Besitzungen zurück, wo er acht Jahre später verstarb. Die zeitgenössische Flersheimer Chronik beschreibt ihn treffend mit den Worten: »... welcher von vielen zwar als redlicher und gottesfürchtiger Mann gehalten wurde, der nie daran gespart hat, dem wieder erscheinenden Licht des Evangeliums gegen dessen Verleumder jede mögliche Hilfe zu leisten«, bescheinigt ihm aber zugleich Naivität und Opportunismus in politischen Angelegenheiten. Hartmut selbst hat die Motive für seine gesellschaftlichen und literarischen Ambitionen 1522 kurz und prägnant zusammengefasst: »Weil wir Edelknechte (wie sich unsere Eltern genannt haben), keinen Stand [= Rückhalt] im Reich haben, so will ich als ein armer Verjagter, um der göttlichen Gerechtigkeit willen, diese Ermahnung und Warnung Gottes im Namen wegen und an Stelle aller Edelknechte ... hiermit getan haben«.

Burg Kronberg dürfte nicht lange vor 1230 als Reichsburg unter Kaiser Friedrich II. errichtet worden sein. Als Burgmannen fungierten die seit dem Ende des 12. Jahr-

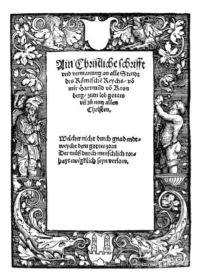

Hartmut von Kronberg, »Ain' Christliche Schrifft (...)«, o.J. [1523], Titelblatt

hunderts nachweisbaren Reichsministerialen von Eschborn, die sich erstmals 1230 nach der neuen Anlage benannten.

In den folgenden Jahrhunderten blieb Kronberg ungeachtet zahlreicher – auch militärischer – Konflikte Reichseigentum im Besitz der Herren von Kronberg, bis diese 1704 ausstarben. 1866 an Preußen gefallen, wurden ab 1871 erste Wiederher-

Burg Kronberg
Gegen Eintrittsgebühr ohne Führung (nur Außengelände und Stadtmuseum) oder mit Führung (Innenräume Mittelburg = Burgmuseum) zu besichtigende Anlage
Adresse: Schlossstraße 10–12, 61476 Kronberg
Tel.: 06173 7788 (Burgbüro)
Internet: www.burgkronberg.de
Öffnungszeiten: Mi., Do., Sa. 13–17 Uhr, Sonn- und Feiertage 11–18 Uhr (zwei Wochen vor Ostern – Ende Oktober), zusätzlich Fr. 13–17 Uhr (Mitte Juni – Mitte September)

stellungsarbeiten im Burggelände vorgenommen. 1992 erwarb die Stadt Kronberg die Burg und führte nach Gründung einer Stiftung von 2001 bis 2004 erneut umfangreiche Sanierungsmaßnahmen durch.

Die auf einem Bergsporn gelegene Burg gliedert sich in Ober-, Mittel- und Unterburg einschließlich eines alle drei Bereiche umfassenden Zwingers mit zwei Rondellen. Noch aus dem 13. Jahrhundert stammt die den höchsten Teil des Geländes einnehmende, unregelmäßige Oberburg. Sie beherbergt den zweigeschossigen »Fünfeckturm«, den 42 Meter hohen quadratischen Hauptturm (»Freiturm«) mit fünf Geschossen nebst butterfassförmigem Aufsatztürmchen sowie das rechteckige Torgebäude, das im Obergeschoss eine Kapelle in sich aufnahm. Die etwas tiefer gelegene Mittelburg weist zwei winkelförmig eng miteinander verbundene Wohnbauten auf, die noch aus dem 15. Jahrhundert stammen dürften. Das »Kronenstammhaus« mit seinem auf der Innenseite angesetzten viereckigen hohen Turm (»Fahnenturm«) wurde um 1900 durchgreifend erneuert, während das von 2005–2008 restaurierte »Flügelstammhaus« mit Treppenturm von 1505 gegenwärtig als Burgmuseum genutzt wird.

Von den Gebäuden der Unterburg hat sich neben dem modern überformten Torgebäude vor allem die Burgkapelle (seit 1943 Teilruine, Privatbesitz) erhalten.

Hartmut XII. von Kronberg – Bronzestatue von Eduard Schmidt von der Launitz, 1869

Luftaufnahme der Burgen Tanstein (links), Grafendahn und Altdahn von Süden, 2003

Heinrich XIII. von Dahn (gen. 1489–1526) und Burg Tanstein

Bei Burg Tanstein handelt es sich um eine von vier Burgen nahe der pfälzischen Kleinstadt Dahn. Zusammen mit der namengebenden Anlage (Alt-)Dahn und Grafendahn bildet sie die heute irreführend zusammenfassend als »Altdahn« oder »Dahner Schlösser« bezeichnete Dahner Burgengruppe.

Inwieweit und seit wann das seit 1189 nachgewiesene gleichnamige Ministerialengeschlecht in Beziehungen zu den Herren von Sickingen stand, lässt sich angesichts fehlender relevanter Schriftquellen schwer nachvollziehen. Heinrich XIII. von Dahn (nachgewiesen seit 1489, † 1526), der 1512 Burg Tanstein nach einer Erbteilung allein erhalten hatte, scheint schon früh ein Anhänger der durch Franz von Sickingen und sein Umfeld verbreiteten Ideen gewesen zu sein. Soweit sich erkennen lässt, bestanden ansonsten weder verwandtschaftliche Verbindungen noch hatten die Sickinger jemals Besitzanteile an einer der Burgen, die sich als speyerischer Lehnsbesitz in den Händen der Herren von Dahn befanden.

1521 hielt Heinrich XIII. von Dahn zwei wohlhabende Trierer, Jakob von Kröv und Richard von Senheim, für 22 Wochen auf dem Tanstein gefangen, bis Franz von Sickingen die geforderte Lösegeldsumme (5.150 Gulden) als Bürgschaft hinterlegte. Zurück in Trier, verweigerten die beiden Bürger nach Beratungen mit Erzbischof Richard die zugesagte Rückzahlung und lieferten dem Sickinger damit den Anlass zur Fehdeerklärung an Trier. Unter Berufung auf diese Ereignisse zogen am 14. Mai 1523 die verbündeten Fürsten vor die Burg und erreichten von Heinrich deren kampflose Übergabe. Entgegen den ausgehandelten Bedingungen erstatteten die Trierer Erzbischöfe Tanstein jedoch nicht nach sechs Wochen dem Bischof von Speyer als Eigentümer zurück. Erst 1544 gaben sie die Anlage unter Vorbehalt des Öffnungsrechts und des Verbots der Wiederbefestigung an die Erben des 1526 verstorbenen Heinrich XIII. zurück.

Da sowohl (Alt-)Dahn, Grafendahn als auch Tanstein mehrfach und bis weit in das 14. Jahrhundert hinein schlicht »Dahn« genannt werden, ist eine separate Erforschung ihrer Geschichte schwierig.

Fest steht, dass Tanstein erstmals 1346 als *Dankenstein* belegt ist. Die Burg befand sich als Lehen der Bischöfe von Speyer in den Händen der Herren von Dahn, bei denen sie zunächst bis 1523 verblieb. Nach der Rückgabe an die Erben Heinrichs XIII. durch Erzbischof Johann IV. von Trier im Jahr 1544 verfiel die Anlage, die nicht neu befestigt werden durfte, offensichtlich rasch. Ludwig II. von Dahn (gen. 1561–1603), der Tanstein 1571 geerbt hatte, bewohnte stattdessen sein in Burrweiler 1587 neu errichtetes Schlossgebäude. Nach seinem Tod 1603 fiel die bereits ruinöse Burg an das Hochstift Speyer zurück. Seit 1977 wurden umfangreiche Sanierungs- und Wiederherstellungsmaßnahmen durchgeführt.

Östlicher Burgfelsen von Norden

Tanstein besteht aus zwei hoch aufragenden, früher durch eine Brücke miteinander verbundenen Felsklötzen, die beide einen oberen Burgbereich tragen, und jeweils einer Unterburg.

Der früher umbaute Westfelsen zeigt auf seiner Plattform die Reste eines Kellers mit Zisterne. In der ehemals dicht von Gebäuden bestandenen Unterburg finden sich noch Mauerzüge aus dem späten 14. oder dem 15. Jahrhundert sowie Fundamente eines Schmelzofens und einer Zisterne. Auf dem Ostfelsen kennzeichnet eine moderne runde Brüstungsmauer den Entnahmeschacht einer weiteren Zisterne auf dem ansonsten fast vollständig von originalem Mauerwerk entblößten Plateau.

Burgengruppe Altdahn (Altdahn/Grafendahn/Tanstein)

Gegen Eintrittsgebühr zu besichtigende Burgengruppe. Burgmuseum, Burgschänke

Adresse: bei 66994 Dahn/Pfalz, dort ausgeschilderte Fahrstraße (Schloßstraße)

Tel.: 06391 993543 (Burg) – 06391/993543 (Burgschänke)

Internet: www.burgen-rlp.de (Stichwort »Alle Objekte« / »Burgen in Rheinland-Pfalz« / »Dahner Burgen«)

Öffnungszeiten: Burg: 9–18 Uhr (Karfreitag – 31. Oktober), 9–17 Uhr (1. November – Gründonnerstag), bei schlechter Witterung geschlossen – Burgschänke: Do.–Di. 10–18 Uhr (April – Oktober)

Westlicher Burgfelsen von Süden

Burg Dalberg – Luftaufnahme von Süden, 2011

Philipp II. Kämmerer von Worms, gen. von Dalberg (1490/91–1533) und Burg Dalberg

Zu den Unterstützern Franz' von Sickingen ist lange Zeit nahezu die gesamte Ritterschaft im Südwesten des römisch-deutschen Reichs gerechnet worden. Festgemacht wurde diese Annahme vor allem an der »Brüderlichen Ritterschaftsvereinigung«, die am 13. August 1522 in der pfälzischen Stadt Landau geschlossen wurde. Dem Sickinger als gewähltem Hauptmann des Bündnisses traten hier Obleute der südwestdeutschen Regionen zur Seite, die als Verbindungsinstanz bei aufkommenden Konflikten fungieren sollten. Über Beratung und Vermittlung hinausgehende Schritte wie etwa militärische Maßnahmen waren laut den Statuten der »Vereinigung« jedoch nicht vorgesehen.

Ein trefflicher Beleg dafür und ein Spiegelbild seiner Zeit ist der Obmann für den Rheingau, Philipp Kämmerer von Worms, genannt von Dalberg. Teile seiner Familie, aus der bedeutende Persönlichkeiten – darunter Johann, Kanzler der Universität Heidelberg (1480–1482) und Bischof von Worms (1482–1503) – hervorgegangen waren, hatten sich schon früh der Reformation angeschlossen, während andere weiterhin dem traditionellen Glauben anhingen. Philipps Haltung zu dieser religiösen Thematik lässt sich nicht deutlich aufklären, doch unterließ er in der als Ritter auch für ihn relevanten Frage nach einer Unterstützung Franz' von Sickingen jede in den Schriftquellen erkennbare Aktivität.

Diese vornehme Zurückhaltung, die man im Höchstfall als wohlwollende Neutralität interpretieren mag, hat seiner Familie auf lange Sicht nicht geschadet. Aus den Reihen der 1653 zu Reichsfreiherren erhobenen Kämmerer von Dalberg stiegen späterhin Wolfgang und Karl Theodor zu Erzbischöfen von Mainz (1582–1601 bzw. 1802–1803) und Adolf von Dalberg zum Fürstabt von Fulda (1726–1737) auf.

¶ Vnd nach dem zuuerhüttüg viler mühe/kostens/vnd scha-
dens/zu nutz vnd gut vnser aller/geratschlagt/vnd bedacht ist
daß ein gemeyner/verstendiger/vñ geschickter Hauptman auß
vns/diser eynigung verwanten/gewelt vnd genommen/vnnd
auch sunst ander erkiest/vnd im zugeordent werden söllen. Ha
ben wir zu diser verstendtnuß/vnd vnnserm aller Hauptman/
den Edlen/ Ernuesten Franciscus von Sickingen/hiemit ge-
welt vnnd ermant/mit vleyß sich des zubeladen gebeten/vnnd
fürter im auß nach bestimpten gezircken zugeordnet/die Stren
gen Ernuesten/vnsere günstige herzen vnd güte freündt/Nem
lich im Kreüchgaw herrn Steffan võ Fenningen Ritter/vnd
Wilhelm võ Sternenfelß. ¶ Auff dem Hunßrügken/vnd der
Nahe/herrn Heinrichen von Schwartzenperg Ritter/vnnd
Melchior von Rüdißheym. ¶ Jm Westerreych/herrn philips Jacoben von Helmstatt Ritter/vnd Hansen von Braw-
bach. ¶ Jm Reingaw/herrn philips kemmerer von Worms
genant von Talberg Ritter/vnd Friderichen von Flerßheym.
¶ Jm Waßgaw/Wolff von Türcken/ vnd Balthassar von
Falgkensteyn. ¶ Jnn der Mortnaw/ Jörg von Bach/vnnd
Wolf võ Windeck. Also nemlich ob eynichē diser verstentnuß
verwandten derenthalb ettwas lasts/beschwerde/oder wider-
wertigs zustünde/mögen das selbig obgedachtem Hauptman
oder seiner zugeordenten eynem/welcher im am nechsten gesef-
sen oder gelegen ist/zuerkennen geben/söllichs an den Hauptman ferrer langen zulassen/der soll alßdañ sein zuuerordneten/
auch etlich ander diser verstentnuß verwandten/wie in für güt

Auszug aus: »Der Ritterschaft brüderliche Vereinigung, Gesellschaft oder
Verständigung, jüngst zu Landau vor-
nehmlich, um Gott zu loben, und nachfolgend um der Mehrung des Gemein-
nutzens und auch der Förderung von
Frieden und Recht willen aufgerichtet«
(13. August 1522)

»... haben wir zu ... unserem aller Hauptmann den edlen und ehrenfesten Franciscus von Sickingen hiermit gewählt
und ernannt ... und zudem ihm nach
bestimmten Bezirken zugeordnet unsere uns geneigten Herren und guten
Freunde: Nämlich im Kraichgau Herrn
Stefan von Venningen, Ritter, und Wilhelm von Sternenfels. Auf dem Hunsrück
und an der Nahe Herrn Heinrich von
Schwarzenberg, Ritter, und Melchior von
Rüdesheim. Im Westrich Herrn Philipp
Jakob von Helmstadt, Ritter, und Hans
von Braubach. Im Rheingau Herrn Philipp Kämmerer von Worms, gen. von Dalberg, Ritter, und Friedrich von Flersheim.
Im Wasgau Wolff von Dürkheim und Balthasar von Falkenstein. In der Ortenau
Georg von Bach und Wolf von Windeck.«
(Zeile 5–20, Übersetzung)

Ansicht von Süden – Kupferstich von S[ebastian] F[urck] nach unbekannter Vorlage, vor 1629

Burg Dalberg

Nach einem Eintrag im 1211 zusammen-gestellten Güterverzeichnis des Klosters Eberbach wurde Burg Dalberg von einem Godebold von Weierbach errichtet. Wann vor dem Jahr 1211 Godebold dieses *castrum Dalburch* bauen ließ, bleibt unklar. 1292 befand sich Dalberg zusammen mit der Ortschaft Wallhausen im Besitz Ottos/ Udos von Dalberg, Eigentümer der beiden zusammenhängenden Lehen war zu dieser wie auch in späterer Zeit das Hochstift Speyer.

Nach dem Aussterben der Familie von Dalberg 1318 kam die Burg an das Geschlecht der Kämmerer (von Worms), die 1315 lediglich einen Anteil in Höhe von einem Zwanzigstel besessen hatten. Belehnungen der Kämmerer durch die Bischöfe von Speyer (so 1364, 1365, 1439) und ihre seit 1375 nachweisbare, zunächst nicht durchgängige Zubenamung in »Kämmerer von Dalberg« mögen darauf hinweisen, dass sie seit dieser Zeit sämtliche Besitzanteile auf sich vereinigen konnten. Seit 1324 nahm Dalberg eine Burggemeinschaft aus Angehörigen der Geschlechter von Dalberg und von Waldeck auf, die sich bald nach 1351 auf eine rein dalbergische Ganerbschaft verengte.

Auseinandersetzungen mit den Grafen von Sponheim 1366 und die Einräumung des Öffnungsrechts für die rheinischen Pfalzgrafen 1367 hatten keinerlei Einfluss auf die Lehnsherrschaft der Bischöfe von Speyer. Früher noch vorhandene, heute jedoch nicht mehr sichtbare Wappensteine deuten darauf hin, dass am Ende des 15. Jahrhunderts Baumaßnahmen durchgeführt wurden.

Noch kurz vor 1629 war die Anlage unzerstört, doch weisen neue Bauuntersuchungen deutlich auf eine teilweise Beschädigung durch kriegerische Einwirkungen und einen Umbau in der Mitte des 17. Jahrhunderts hin. Nach Verlagerung des dalbergischen Herrschaftssitzes nach Wallhausen seit der Mitte des 18. Jahrhunderts wurde die Burg aufgegeben und als Steinbruch verwendet.

Älteste Bauteile sind der nur noch als Stumpf erhaltene Bergfried und die umgebenden Mauerpartien vom Ende des 12. Jahrhunderts, während sich aus dem 13. Jahrhundert keine baulichen Relikte erhalten haben. Im 14. Jahrhundert wurde im Süden der quadratische Wohnturm samt Torbau errichtet, dann nach 1350 der östliche Burgteil mit Kapelle, Rittersaalbau nebst Abortturm und »Dieterbau« samt Rundturm innerhalb weniger Jahre hinzu-

Pfeiler der ehemaligen Wasserzuleitung im Halsgraben, 2013

gefügt. Kurze Zeit später ersetzte man den nordöstlichen Turm durch einen stärkeren Nachfolger (»Dieterturm«). Gleichzeitig kam es zu aufwändigen Um- und Ausbauten, während derer der »Dieterbau« und die Kapelle aufgestockt und ein weiterer Wohnbau an den ältesten Wohnturm im Südwesten angefügt wurden.

Im 15. Jahrhundert entstand südlich der Kernburg die Unterburg mit ihren beiden runden Ecktürmen. Ende des 16. oder am Anfang des 17. Jahrhunderts kamen östlich des Bergfrieds ein neues Gebäude, von dem sich heute nur noch der Gewölbekeller erhalten hat, und kleine Bastionen im Westen, Norden und vor allem im Osten hinzu. Für das 17. Jahrhundert schließlich sind nochmals Modernisierungsmaßnahmen nachzuweisen, in deren Verlauf der »Dieterbau« große Fenster erhielt und der »Rittersaalbau« um ein steinernes Geschoss erhöht wurde.

Burgruine Dalberg
Offene Burgruine
Adresse: über der Ortsgemeinde 55595 Dalberg, von dort aus beschilderter Fußweg (ab Mehlbachstraße)
Tel.: 0671/371–100 (Verbandsgemeindeverwaltung Rüdesheim)
Internet: –.–
Öffnungszeiten: jederzeit zugänglich

Stumpf des runden Bergfrieds, 2013

Hilchenhaus in Lorch – Ansicht von Westen, 2014

Johann III. Hilchen von Lorch (1484/85–1548), das Hilchenhaus und sein Grabmal in der Pfarrkirche St. Martin zu Lorch

Das in Lorch am Rhein ansässige Geschlecht der Hilchen lässt sich bis zu einem Heinrich zurückverfolgen, der 1316 als Lorcher Schultheiß in einer Urkunde für das Kloster Eberbach als Siegelzeuge fungierte. In den folgenden Jahrhunderten gelang es der Familie, ein umfangreiches Konglomerat an Eigentümern, Besitzungen und Ämtern anzusammeln.

Als Sohn Johanns II. Hilchen, der ebenfalls als mainzischer Schultheiß in Lorch tätig war, wurde Johann III. im Jahr 1484 oder 1485 (das genaue Datum ist unbekannt) geboren. Schon in jungen Jahren scheint er mit Franz von Sickingen bekannt gewesen zu sein, dem er erstmals in dessen Fehde gegen Landgraf Philipp von Hessen 1518 und auch während der Trierer Fehde 1522 zur Seite stand. Ende Januar 1523 wollte Johann zusammen mit Hans von Sickingen und Augustin von Braunsberg von Burg Steinkallenfels aus, an der er seit 1509 als Gemeiner Anteil hatte, nach

Landstuhl aufbrechen, wurde aber in der Nähe von Kaiserslautern von einem Aufgebot unter dem pfälzischen Vogt von Heidelberg, Wilhelm von Habern gestellt. Nach tapferer Gegenwehr geriet er mit mehreren Kopfverletzungen in Gefangenschaft, aus der er erst nach dem Tod Franz' von Sickingen freikam. Immerhin gelang es ihm, seine Güter in und um Lorch, die er vorsorglich seiner Tochter überschrieben hatte, vor der Konfiskation zu retten.

Kurze Zeit nach diesen Ereignissen trat Johann in die Dienste Erzherzog Ferdinands von Österreich, in dessen Gefolge er rasch Karriere machte. 1529 nahm er am Zug gegen die Türken als Oberstwachtmeister teil und zeichnete sich dabei so sehr aus, dass ihn der bayerische Historiker und Zeitgenosse Melchior Soiter in seinem 1538 erschienen Werk »Über den ungarischen Krieg« als »Drache der Hesperiden oder hundertäugiger Argus an Wachsamkeit« pries. In weiteren Feldzügen gegen die Türken (1542) und gegen Frankreich (1543/44) führte Johann als oberster Feldmarschall das Reichsheer. 1548 verstarb er aus unbekannten Gründen im Alter von 64 Jahren in Lorch, in das er kurz zuvor zurückgekehrt war.

Das Hilchenhaus in Lorch

Mit der Errichtung des Hilchenhauses begann Johann III. Hilchen von Lorch im Jahr 1546, sollte jedoch die Fertigstellung nicht mehr erleben. Nach seinem Tod 1548 ging das Erbe an seine Tochter Maria, Witwe Adam Vogt von Hunolsteins, und nach ihrem Tod 1561 an beider Sohn Johann, der das bis dahin noch immer unfertige Wohnhaus 1573 mit dem abschließenden Giebel vollendete. Bis 1716 in hunolsteinischem Besitz und daher zu dieser Zeit »Hunolsteiner Hof« genannt, kam das Gebäude danach durch Erbschaften und Verkäufe an die Adelsfamilien von Dürkheim (1716), von Sohlern (1722), von Hausen (1821), von Walderdorff (1885) und schließlich 1926 an die Grafen von Kanitz.

Starken Zerstörungen während des Zweiten Weltkriegs folgten notdürftige Instandsetzungsversuche und Teilnutzungen der noch verwendbaren Räume im späteren 20. Jahrhundert. Erst 2009 gelang es der Stadt, das verfallende Gebäude für 99 Jahre in ihren Besitz zu bringen und mit hohem finanziellen Aufwand 2010–2014 durchgreifend zu sanieren. Das Erdgeschoss soll zukünftig gastronomisch genutzt werden, der darüber gelegene »Rittersaal« für Veranstaltungen.

Das Hilchenhaus gilt ungeachtet schwerer Beschädigungen und mehrerer Sanierungen zu Recht als eines der schönsten Adelshäuser im Rheinland. Als massiver dreigeschossiger Bruchsteinbau zeigt es zur Rheinseite hin eine prächtige,

Rheinseitige Schaufassade mit Erker und Balkon – Lithographie von F[rançois] Stroobant nach eigener Zeichnung, vor 1854

zahlreich durchfensterte Schaufassade mit einem zweistöckigen haubenbekrönten Erker, der von zwei starken Rundsäulen getragen wird. Bei der jüngsten Wiederherstellung wurde der diesen Erker umlaufende, aus Sicherheitsgründen in den 1980er Jahren abgenommene Balkon mit wappenverzierter Brüstung wieder angebracht. Er verlief ursprünglich über die ganze Hauswand. Nach oben schließt ein vierstöckiger Staffelgiebel die Schauseite ab. An der Nordecke des Gebäudes erschließt ein quadratischer, laut Inschrift 1548 errichteter Treppenturm mit aufsteigenden Fenstern und Spitzhelm die einzelnen Geschosse.

Wappen Johanns III. Hilchen von Lorch an seinem Grabstein

Hilchenhaus

Rheinstraße 48, 65391 Lorch/Rhein
Tel.: 06726 8399249
Internet: www.stadt-lorch-rheingau.de (Stichwort »Tourismus/Kultur«/»Hilchenhaus Lorch«)
Öffnungszeiten: derzeit keine Besichtigung möglich; Rittersaal für Veranstaltungen buchbar, Restaurant und Weinstube »Hilchenkeller« geplant

Ehemalige Pfarrkirche St. Martin in Lorch
von Osten, 2011

Das Grabmal Johanns III. Hilchen von Lorch in St. Martin zu Lorch

An der Stelle einer romanischen Vorgängeranlage wurde im ausgehenden 13. Jahrhundert zunächst mit dem Bau eines neuen Chorbereichs begonnen. Nach Stiftungen folgten 1304 das Hauptschiff und 1398 das nördlich angesetzte Seitenschiff. 1480 wurden noch aus romanischer Zeit stammende Gebäudeteile im Westen zu einer inneren und äußeren Vorhalle umgebaut sowie die Westempore errichtet, 1576 das vierte Turmgeschoss erneuert. Nach Beschädigungen im Verlauf des 17. Jahrhunderts vorgenommene Wiederherstellungsarbeiten (1719, 1819, 1876/77 und nach 1878) sicherten zwar den Baubestand, waren jedoch in Einzelfällen verunklärend. Zuletzt konnten in einer Maßnahme seit 2010 einzelne Teile der Kirche (Sakristei, Dachstuhl, Turm) denkmalgerecht saniert und 2012/2014 die aus dem späten 19. Jahrhundert stammenden Kirchenfenster des Chors und der Hochaltar restauriert werden.

Heute präsentiert sich St. Martin als zweischiffiger gotischer Sakralbau mit dominierendem viereckigen Turm (Maßwerkgalerie von 1912) und einem kleinen Dachreiter aus dem Jahr 1879. Von der Innenausstattung haben sich trotz schmerzlichen Verlusten bemerkenswerte Stücke

erhalten, darunter vor allem der 1483 entstandene, im 19. Jahrhundert mehrmals restaurierte hölzerne Hochaltar mit großartigem Figurenschmuck und Ölmalereien auf den Flügeln, das Chorgestühl aus dem Ende des 13. Jahrhunderts sowie ein Taufstein von 1464. Die 1880 angefertigte Orgel besitzt einen Registerzug »Riesling 2f«, nach dessen Betätigung sich eine kleine Tür öffnet, hinter der sich zwei Flaschen Riesling und zwei Weingläser verbergen.

Unter den zehn im Innenraum noch vorhandenen Epitaphien ragt das 1550 für Johann III. Hilchen von Lorch errichtete Sandsteingrabmal heraus, das den Verstorbenen als vollplastische Figur mit imponierender Prunkrüstung in einer baldachinähnlichen Nische zeigt. Im Aufsatz darüber würdigt eine Inschrift die Verdienste und Leistungen Johanns:

»Hier liegt der edle und gestrenge Herr Johann Hilchen von Lorch. Ritter (ist er) bei Zeiten seines Lebens der Römischen Kaiserlichen Majestät und des Heiligen Römischen Reichs in den Feldzügen gegen den Erbfeind, die Türken, und gegen den König von Frankreich in den Jahren 1542, (154)3 und (154)4 oberster Feldmarschall gewesen. Sonst (hat er) noch geholfen, sieben Feldzüge zu unternehmen. Seines Alters 64 Jahre (ist er) am 15. April im Jahr 1548 zu Lorch in seiner Behausung in Gott christlich verstorben, dessen Seele Gott gnädig und barmherzig sein wolle. Amen. 1550.« (Übersetzung)

Ehemalige Pfarrkirche St. Martin

Adresse: Markt, 65391 Lorch
Tel.: 06722/8133 (Pfarrbüro Kirchengemeinde Heilig Kreuz Rheingau)
Internet: www.stadt-lorch-rheingau.de (Stichwort »Tourismus / Kultur« / »Sehenswürdigkeiten« / »Pfarrkirche St. Martin«)
Öffnungszeiten: Sa, So., Feiertage 14–17 Uhr (jeweils Ostern – 31. Oktober)

Die Burgen Stein und Kallenfels von Nordwesten, 2014

Die Gemeiner von Burg Steinkallenfels

Die Besitzanteile Franz' von Sickingen an Steinkallenfels gehen auf seinen Vater, Schweikard VIII., zurück, der 1484 als Burggemeiner nachzuweisen ist und damals als einer von zwei Baumeistern fungierte. Nach seinem Tod 1505 folgte ihm Franz umgehend im Amt nach. In einem Burgfrieden von 1508 verständigten sich die 30 Gemeiner auf gegenseitige Hilfeleistung bei Auseinandersetzungen bis hin zu organisatorischen Maßnahmen bei einer eventuellen Belagerung – ein deutliches Anzeichen für die sich anbahnenden Konflikte mit den benachbarten Fürsten. Die vor allem dem Niederadel aus dem Nahe-Hunsrück-Raum entstammenden Burggemeiner – die beiden Baumeister Heinrich Menzenhofer und Karl Boos, Graf Dietrich von Manderscheid-Kerpen, Johann von Rollingen, Johann vom Stein, Heinrich von Schwarzenberg, Johann Vogt und Friedrich von Hunolstein, Johann von Sötern, Friedrich und Melchior von Rüdesheim, Hans von Dalberg, Wolf(ram),

Johann und Samson von Lewenstein, Balthasar Boos, Klas (= Nikolaus) von Kellenbach, Hurg von Wildberg, Friedrich und Johann von Schmidtburg, Philipp von Schönburg, Johann von Wolfstein, Johann Fust (von Stromberg), Kaspar Kraz, Dietrich Greiffenklau, Bernhard von Kerpen, Ulrich Ulner, Bernhard von Flörsheim gen. Monsheimer, Heinrich Blick und Franz von Sickingen – sind gleichzusetzen mit den Unterstützern des Sickingers vor Ort in den folgenden Jahren.

Von dieser Unterstützungsversicherung machte Franz bereits ab 1515 in seiner Fehde mit der Stadt Worms Gebrauch. Ende des Jahres 1522 beschwerte sich Erzbischof Richard von Trier in einem Brief an die Burggemeinschaft über die Feindseligkeiten des Sickingers und Johanns Hilchen von Lorch und mahnte zur Einhaltung des Landfriedens. Dennoch setzten sich die nadelstichartigen Übergriffe auf trierisches Gebiet in den nachfolgenden Monaten unvermindert fort.

Ohne dass sich eine bisher stets gemutmaßte erfolgreiche Belagerung von Steinkallenfels im Jahr 1523 in den

Die Burgen Kallenfels (unten) und Stein (oben) –
Luftaufnahme von Südwesten, 2011

Oberburg von Burg Stein aus südöstlicher Richtung, 2013

Schriftquellen bestätigen ließe, kam es nach dem Tod Franz' von Sickingen dennoch schnell zu einer Verständigung: Am 5. Juni 1523 schlossen Kurfürst Richard von Trier, Kurfürst Ludwig von der Pfalz sowie Landgraf Philipp von Hessen und die Gemeiner eine Sühne und verglichen sich hinsichtlich der erlittenen Schäden.

Steinkallenfels bestand ursprünglich aus den beiden rechtlich eng zusammenhängenden Burgen Stein und Kallenfels sowie dem nicht vor 1332 nachweisbaren Stock im Hane.

Von Burg Stein ist gesichert erstmals im Jahr 1241 die Rede, als Friedrich von Ockenheim seinen Anteil an der Anlage (*Lapis*) seinem Schwager Anselm verkaufte. 1311 teilten Friedrich und Ulrich

Schießscharte auf Burg Stein, 2006

vom Stein gemäß Erbrecht Stein und Kallenfels unter sich auf. Ob die auf einer Aussage Kaiser Maximilians I. von 1516 beruhende Einordnung beider Anlagen als Reichsburgen schon zu dieser Zeit Geltung besaß, bleibt unklar.

Im 14. Jahrhundert geriet die sich ständig vergrößernde Burggemeinschaft in Konflikt mit den sich formierenden Territorien in der Umgebung. Im Verlauf der Eltzer Fehde kam es, da Johann von Eltz auch Gemeiner auf Stein und Kallenfels war, vor 1335 zu Auseinandersetzungen mit Erzbischof Balduin von Trier – eine gemutmaßte Belagerung kann jedoch nicht nachgewiesen werden. Anlässlich der Aufstellung des ersten bekannten Burgfriedens im Jahr 1371 war die Zahl der Anteilsbesitzer auf 25 angewachsen (weitere Burgfrieden 1414, 1492 und 1514).

Nach den Ereignissen im Vorfeld und während der Auseinandersetzungen von 1522/1523 mehren sich die Anzeichen für den Verfall der Burgen: Während Stock im Hane bereits 1556 sehr verfallen und 1615 ganz baufällig war, bemühten sich die Gemeiner der Doppelburg Steinkallenfels noch 1655 um den Erhalt der Gebäude und der Verteidigungsfähigkeit. In den 1680er Jahren von französischen Truppen gesprengt, kamen die Ruinen nach 1778 in verschiedene private Hände.

Die auf drei Felsen aufragende Burgengruppe bietet dem Besucher ein trotz allem Verfall noch immer großartiges Panorama. Von Osten nach Westen ragen in abfallender Höhe die Burg Stein, dann Burg Kallenfels und schließlich das kleine Stock im Hane hoch über dem Hahnenbachtal auf.

Burg Stein als größte der drei Anlagen besteht aus einer nördlich vorgelagerten Unterburg und der durch einen Halsgraben im Osten isolierten, auf dem Fels angesiedelten polygonalen Oberburg. Kern und wohl ältester Bestandteil aus dem 13. Jahrhundert ist der Rest eines fünfeckigen Bergfrieds an höchster Stelle, an

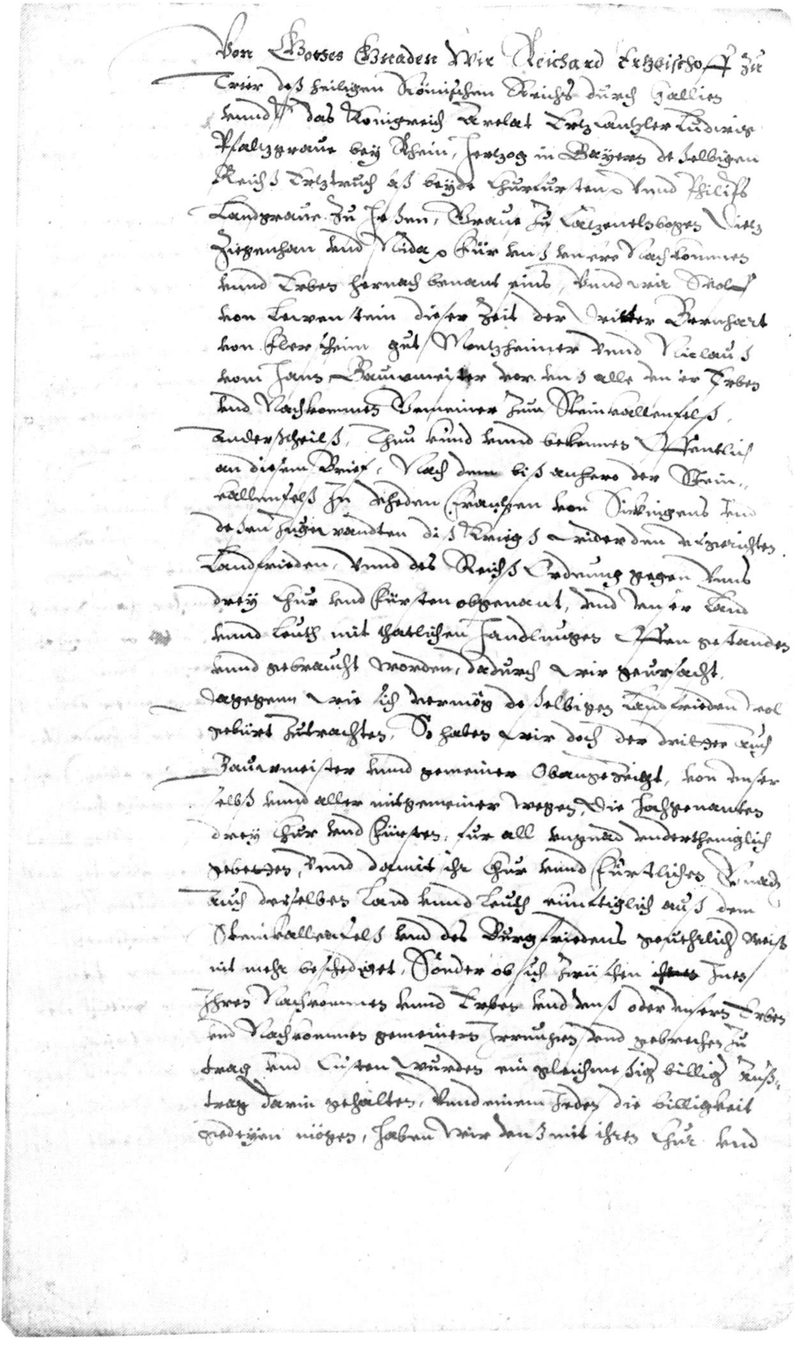

Oberer Bereich von Burg Kallenfels von Nordosten, vor 1932

dürfte Beleg für eine erste Modernisierung sein. Die Ringmauer der Vorburg mit ihrem dünnwandigen Flankierungstürmchen stammt vermutlich vom Ende des 15. Jahrhunderts.

Kallenfels gliedert sich in einen kleinen oberen Burgteil auf dem steil aufragenden Felsen und in einen südlich angefügten unteren Burgbereich. Die durch ihre Lage geschützte Unterburg, von der sich noch Abschnitte der Ringmauer erhalten haben, war von Nordosten durch einen schmalen, früher von einem Rundturm gesicherten Zugang zu erreichen. Im Nordwesten befindet sich der heute versperrte, aus dem Gestein geschlagene schwindelerregende Aufgang zum oberen Burgteil, wo sich der Stumpf eines viereckigen Turms und Reste eines abgerundeten Flankierungsturms erhalten haben.

Das auf einem sich lediglich in geringer Höhe über das Tal erhebenden Felsen gelegene Stock im Hane zeigt nur noch wenige Reste. Ob es sich bei diesem Gebäude, wie oft vermutet, ursprünglich um einen Turm mit schwacher Vorbefestigung gehandelt hat, lässt sich angesichts der mit Beton überformten Mauerspuren nicht mehr beurteilen.

den sich eine frühneuzeitliche Mauerpartie mit Spitzbogenfries und Schießscharte anschließt. Im tieferen Teil der Anlage lässt sich ein ehemaliger überwölbter Eingang erkennen. Eine halb verschüttete Tür, vermutlich der Haupteingang in die Kernburg, ist wenige Meter östlich erhalten und führt zum mutmaßlichen Burghof hinter der Ringmauer. Dass hier ebenfalls Gebäude standen, ergibt sich aus einer aufragenden, an einen Turm erinnernden Hausecke. Die Nordseite mit ihrer hohen, abgewinkelten Mauer scheint in zwei durch den Spitzbogenfries markierten Bauphasen errichtet worden zu sein, indem eine ältere Mauer um 1500 deutlich erhöht wurde. Ein mächtiges, heute abgerutschtes Rondell mit Tonnengewölbe – möglicherweise ein 1488 genanntes Bollwerk – östlich daneben

Burgruine Steinkallenfels
(Burgruine Stein, Burgruine Kallenfels und Turmruine Stock im Hane)
Zwei Burgruinen und eine Turmruine auf jeweils markantem Felsen
Adresse: im gleichnamigen Stadtteil von 55606 Kirn
Tel.: –.–
Internet: –.–
Besichtigungsmöglichkeit: nur von außen. Burgruine Stein derzeit wegen Einsturzgefahr gesperrt; Burgruine Kallenfels und Turmruine Stock im Hane in Privatbesitz und nicht zugänglich

Lützelburg - Gesamtansicht von Südwesten, 2011

Die Gemeiner der Lützelburg

Durch die Heirat Schweikards VIII. mit Margarete Puller von Hohenburg vor 1466 gelangte ein Anteil in Höhe eines Sechstels an der Lützelburg an die Familie von Sickingen. Dieser Anteil, der zu unbekannter Zeit vom Bischof von Straßburg für 675 Gulden verpfändet worden war, kam 1505 als Erbe an Franz von Sickingen, der ihn zusammen mit Hans Hofwart von Kirchheim besaß. Mit der Rückzahlung der Pfandschaft durch Bischof Wilhelm von Straßburg im Jahr 1514 verlor der Sickinger nicht nur seinen Besitzanteil, sondern auch seinen Status als Mitglied der Burggemeinschaft.

Ungeachtet dessen ließen im Verlauf der Sickingischen Fehde die verbündeten Fürsten am 18. Mai 1523 ein Aufgebot an Reitern und Fußknechten unter dem Feldhauptmann Wilhelm von Rennenberg auf die Lützelburg vorrücken. Am 20. Mai erreichte Wilhelm mit seinen Soldaten das Ziel und forderte die Besatzung durch den Reichsherold Caspar Sturm zur Kapitulation auf. Nach kurzen Verhandlungen mit dem auf der Burg anwesenden Amtmann des Herzogs von Lothringen, Quintner, übergab dieser die Anlage gegen freien Abzug. Anschließend wurden die Gebäude in Brand gesteckt.

Lützelburg veranschaulicht eindringlich, dass der Feldzug der Fürstenkoalition gegen Franz von Sickingen 1522/23 nicht nur Befestigungen traf, die diesem ganz oder teilweise gehörten. Die Militäraktion begründete sich laut Caspar Sturms Bericht damit, dass die Burggemeiner ihrem ehemaligen Mitglied und dessen Anhängern zuvor freiwillig Aufenthalt gewährt hatten. Die Zerstörung der Burg war somit ein rechtlich fragwürdiges Vorgehen, das sich keinesfalls mit dem sonst üblichen Vorwurf des Landfriedensbruchs rechtfertigen ließ.

Die bisher wenig erforschte Lützelburg (= kleine Burg) wurde wohl schon gegen Ende des 11. Jahrhunderts erbaut und befand sich zunächst im Besitz eines gleichnamigen Grafengeschlechts, das Mitte des 12. Jahrhunderts ausstarb. Danach kam die Anlage (*castrum Lucelnburch*) auf dem Erbweg an Bischof Stephan von Metz (1120–1162), der sie seinem Erzstift übertrug.

Durch Verpfändungen und Verkäufe wurde die Lützelburg im Spätmittelalter zur Ganerbenburg mit einer Burggemeinschaft (Burgfrieden 1397), zu der seit 1505 auch Franz von Sickingen zählte. Später in die Hände der Pfalzgrafen gelangt, wurde sie von diesen 1583 an die Herzöge von Lothringen und von diesen wiederum 1661 an den König Ludwig XIV. von Frankreich abgetreten.

Ansicht von Südosten – Lithographie von [ ] Becquet nach Zeichnung von [François-Jules] Collignon, vor 1837

Von der langgestreckten, 90 mal 130 Meter messenden Burg in Spornlage über dem Zorntal hat sich umfangreiches Mauerwerk erhalten. Dem Hochmittelalter zugerechnet werden die unterschiedlich gut erhaltenen Reste zweier viereckiger und eines fünfeckigen Turms (11.–13. Jahrhundert) sowie die hinter dem Halsgraben aufragende Schildmauerruine mit glatten Quadern und einem rundbogigen Portal. Auf der Bergseite wurde im 15. Jahrhundert vor dem Halsgraben als zusätzlicher Schutz eine kleine Torbefestigung errichtet.

Burgruine Lützelburg / Lutzelbourg
Offene Burgruine
Adresse: auf hohem Bergrücken über
F–57820 Lutzelbourg
Tel.: 0033 3 87253019 (Syndicat
d'Initiative de Lutzelbourg)
Internet: www.lutzelbourg.fr
Besichtigungsmöglichkeit:
jederzeit frei zugänglich

Blick von Nordosten aus dem
teilweise verschütteten Halsgraben
auf den Bergfried, 2005

Wider den gemeinsamen Feind:
Die Gegner Franz' von Sickingen

Dom St. Peter in Trier von Nordwesten, 2013

Erzbischof Richard von Trier (1467/1511–1531), der Trierer Dom und die Festung Ehrenbreitstein

Erzbischof Richard von Trier wurde 1467 auf der hessischen Burg Vollrads als Sohn des kurmainzischen Viztums (Stellvertreters) im Rheingau, Johann von Greiffenklau, und dessen Frau Klara von Ratsamhausen geboren. Wie schon mehrere Mitglieder seiner Familie zuvor schlug er die geistliche Laufbahn ein, wurde 1487 Domkapitular in Trier und in Mainz, 1503 Domkantor in Trier und schließlich 1511 vom dortigen Domkapitel zum Erzbischof gewählt. Während seines Episkopats geriet Richard 1522 aus verschiedenen Gründen, darunter die Arretierung zweier Trierer Bürger auf der pfälzischen Burg Tanstein und deren Folgen, in Gegensatz zu Franz von Sickingen. Dieser zog vor Trier, das sich jedoch vorsorglich auf eine Belagerung eingestellt hatte. Nach dem Abbruch der

Blockade verfolgte der Trierer Erzbischof zusammen mit Kurfürst Ludwig V. von der Pfalz und Landgraf Philipp I. von Hessen den Sickinger, der 1523 auf Burg Nanstein eingeschlossen wurde und dabei den Tod fand.

Der Sieg über Franz von Sickingen stärkte Richards Stellung sowohl als Reichsfürst wie auch als Territorialherr in den Unruhen des Bauernkriegs von 1525. Mit einem eigenen Truppenaufgebot nahm er an der Niederschlagung des Aufstands in Franken und in der Pfalz teil. In reichspolitischen Belangen verdienen seine Rolle bei der Königswahl Karls V. im Jahr 1519, bei der er zunächst für den französischen Thronkandidaten Franz I. stimmte, und sein gescheiterter Versuch, auf dem Wormser Reichstag von 1521 Martin Luther zum Widerruf zu überreden, Beachtung.

Richard von Greiffenklau starb am 13. März 1531 auf Burg Ottenstein bei Wittlich. Als Reformer und Reichspolitiker zählt er zu den bedeutenden Persönlichkeiten auf dem Trierer Bischofsstuhl. Während seines Episkopats forcierte er wichtige Reformen im Kloster- und Rechtswesen, erwarb sich aber auch durch Förderung der Künste und Gründung eines Humanistenzirkels in Trier besondere Verdienste.

Im Trierer Dom erinnert ein monumentaler Grabaltar an Erzbischof Richard von Trier (1511–1531), der diesen 1525 selbst in Auftrag gegeben hatte. Unterhalb der zentralen Bogennische mit einer Darstellung des gekreuzigten Christus betont eine von dem humanistischen Gelehrten Bartholomäus Latomus (1484–1570) verfasste Inschrift die Bedeutung des Verstorbenen für die Stadt Trier:

»Fremder, betrachte das Grabmal Erzbischof Richards, dessen starre Glieder hier ruhig liegen. Sein Dahinscheiden hat Trier mit Recht beweint und den Tod seines Beschützers aus tiefster Seele betrauert. Jener aber ließ die Unruhe und die Welt zurück und ging in das Himmelreich ein, das er bereichert in sich trägt. Neun Fünfjahresspannen und ebenso viele Doppeljahre führte er sein Leben, aber der März beschloss ihm im 13. Umlauf seinen Tag.«

Dom St. Peter in Trier

Der Dom St. Peter in Trier ist die älteste Bischofskirche in Deutschland und die Mutterkirche des Erzbistums (seit 1802/21 Bistum) Trier. Er steht auf den Resten eines römischen Wohnhauses aus dem späten 3./frühen 4. Jahrhundert, das 310/20 abgerissen und mit einem ersten Kirchengebäude in Form einer Basilika überbaut wurde. Diesen Kirchenbau erweiterte Bischof Maximin (329–346) zu einem der damals größten Sakralbauten Europas mit vier Basiliken, einem Baptisterium und verschiedenen Nebengebäuden. Nach Beschädigungen und Zerstörungen durch Franken und Normannen im 5. und 9. Jahrhundert

Grabmal Erzbischof Richards I. im Trierer Dom

Detail am Grabmal: Erzbischof Richard im Gebet

ließen die Erzbischöfe Egbert (977–993) und Poppo (1016–1047) Wiederherstellungsarbeiten und Neubaumaßnahmen durchführen, die dem Gebäude seinen noch heute prägenden frühromanischen Charakter verliehen. Im Spätmittelalter folgten vergleichsweise geringfügige Veränderungen wie die Erhöhung der Osttürme (14. Jahrhundert) und die Aufstockung des Südwestturms unter Erzbischof Richard im ersten Drittel des 16. Jahrhunderts.

Weitere Baumaßnahmen im frühen 18. Jahrhundert sorgten für eine letztmalige Umformung der vorhandenen Bausubstanz im Sinne des Barock, durchgeführt vom kurfürstlichen Hofbaumeister Johann Georg Judas von 1719 bis 1725, der ein neues Querhaus verwirklichte und den Osttürmen zeittypische Hauben aufsetzte. Schon einige Jahre zuvor war im Scheitel der Ostapsis eine Heiltumskapelle errichtet worden, in welcher der Heilige Rock als kostbarste Reliquie Verwahrung fand. Im 19. Jahrhundert folgten mehrere Restaurierungen des zeitweise profanierten Sakralbaus, die den mittelalterlichen Zustand erneuern sollten: So erhielten die Osttürme 1883 neugotische Hauben, und

Teile der barocken Ausstattung wurden entfernt und durch neuromanische Stücke ersetzt. Nach Beseitigung der vergleichsweise geringen Schäden aus dem Kriegsjahr 1944 schloss sich eine letzte große Sanierung in den Jahren von 1968 bis 1974 an. Seit 1986 ist der Trierer Dom Teil des UNESCO-Welterbes (Römerbauten, Dom und Liebfrauenkirche in Trier).

Im heutigen Dom erinnern nur wenige Details an das 16. Jahrhundert und die Zeit, in der Richard von Greiffenklau als Erzbischof amtierte und Franz von Sickingen die Stadt belagerte. Dazu gehören der damals um ein Geschoss erhöhte Südwestturm (daher »Greiffenklauturm«), vor allem aber das bedeutende Renaissancegrabmal Richards in Form eines Grabaltars. Es zeigt den knieenden Kurfürsten in »Ewiger Anbetung« vor dem Kreuz Christi, begleitet von Petrus, Magdalena und Helena. Die darüber liegenden Bereiche des schmalen Grabmals sind mit reichen Dekorelementen, Heiligenfiguren und Wappen ausgestattet, wobei die eher unscheinbare Darstellung eines Landsknechts und eines Erhängten an der rechten Seitenfläche als Anspielung auf die Trierer Fehde und den Bauernkrieg verstanden werden darf.

Dom St. Peter in Trier
Dom, Domschatzkammer und Museum am Dom Trier
Adresse: Domfreihof (Dom und Domschatzkammer) bzw.
Bischof-Stein-Platz 1 (Museum)
in 54290 Trier
Tel.: 0651 979079–0
(Dom-Information)
Internet: www.dominformation.de
Öffnungszeiten:
6.30–17.30 Uhr (November – März),
6.30–18 Uhr (April – Oktober)

Schloss und Festung Ehrenbreitstein – Kupferstich von N.N. [Daniel Specklin] nach unbekannter Vorlage, vor 1589

Festung Ehrenbreitstein

Im gleichnamigen Koblenzer Stadtteil liegen gegenüber der Mündung der Mosel in den Rhein auf steil abfallendem Bergmassiv die Gebäudemassen der preußischen, von 1816 bis 1832 errichteten Festung Ehrenbreitstein. Der Bergrücken, der die Festung trägt, war nach jüngeren Erkenntnissen bereits seit der Jungsteinzeit vor über 5.000 Jahren mehr oder weniger kontinuierlich besiedelt.

Eine Burg an selber Stelle lässt sich in den Schriftquellen seit der Mitte des 12. Jahrhunderts nachweisen. Gemäß den »Gesta Treverorum« (Tatenbericht der Trierer Erzbischöfe) ließ Erzbischof Hillin von Trier (1152–1169) während seines Episkopats umfangreiche Baumaßnahmen vornehmen. Auf der unter den Erzbischöfen Arnold II. (1242–59) und Heinrich II. (1260–1286) erneut ausgebauten Anlage verweilte im Juni/Juli 1251 der Gegenkönig Wilhelm von Holland wenigstens zweimal. 1293 amtierte hier mit Wilhelm von Helfenstein ein erster Amtmann, 1299 mit Diethard von Pfaffendorf ein erster Burggraf. In der spätestens 1376 vorhandenen Burgkapelle mit einem Altar zu Ehren der Heiligen Matthias und Thomas dürfte für knapp fünf Jahrzehnte das Haupt des Apostels Matthias

aufbewahrt worden sein, das Erzbischof Kuno II. (1362–1388) vor dem Jahr 1381 aus Kobern hatte hierher bringen lassen. Im Spätmittelalter häufig Aufenthaltsort der Trierer Kurfürsten, wurden insbesondere im 15. und 16. Jahrhundert umfassende Baumaßnahmen durchgeführt, welche den Ehrenbreitstein in eine barocke Festung verwandelten.

Während des Dreißigjährigen Kriegs blieben Koblenz und die rechtsrheinische Festung zunächst verschont. 1631/32 rief Erzbischof Philipp Christoph französische Truppen zu Hilfe, die aber nach wechselvoller Belagerung 1637 vor den kaiserlichen Verbänden die Waffen strecken mussten. Bei einem Vorstoß französischer Revolutionstruppen 1794 kapitulierte die Stadt Koblenz umgehend, wohingegen die Festung gut vier Jahre (mit Unterbrechungen) den Blockaden und Angriffen standhielt. Erst nach einer ununterbrochenen Belagerung von mehr als 21 Monaten ergab sich die Besatzung aufgrund Lebensmittelmangels. 1801 wurden die Gebäude mit »30.000 Pfund Pulver« in die Luft gesprengt.

Nachdem 1815 das Rheinland an Preußen gefallen war, ließ die neue Regierung den Berg von 1816 bis 1832 als Teil einer geplanten Großfestung Koblenz befes-

Kanone Greif (1524) auf der Festung Ehrenbreitstein

tigen. Es entstand eine der größten Festungen Deutschlands und Europas, die aber niemals in kriegerische Auseinandersetzungen geriet. Ihre Bauwerke sind trotz der Aufforderung zur Schleifung im Vertrag von Versailles 1919 überwiegend erhalten. Auf dem Gelände der heute als überregionales Kulturzentrum genutzten Festung, deren Geschichte dem Besucher in einer multimedialen Inszenierung präsentiert wird, befinden sich unter anderem das Landesmuseum Koblenz, eine Jugendherberge und ein Restaurant.

Von der mittelalterlichen Burg und auch von der barocken Festung Ehrenbreitstein haben sich nur geringe sichtbare Reste erhalten. Als Überbleibsel der Burg des 12. Jahrhunderts konnte vor wenigen Jahren bei Ausgrabungen der nach seinem Erbauer, Erzbischof Hillin, »Hellengraben« genannte, im 17. Jahrhundert verfüllte und überbaute Halsgraben dokumentiert werden.

Historische Ansichten des 16. und 17. Jahrhunderts gestatten eine rekonstruierende Beschreibung des Bauzustands der Anlage zur Zeit Erzbischof Richards und Franz' von Sickingen: Hinter dem breiten »Hellengraben« erhob sich der hoch aufragende fünfeckige Bergfried mit der Spitze zur nördlichen Angriffsseite. Dahinter lagen sich entlang der Hangkanten zwei Baugruppen gegenüber, die einen lang gestreckten Innenhof einfassten. Zur Rheinseite sind zwei hohe gotische Gebäude überliefert. Die Südspitze des Berges nahm ein fast quadratischer Turm ein, noch tiefer und ein gutes Stück entfernt lassen sich die Mauern der benachbarten, später in der Festung aufgegangenen Ministerialenburg Helfenstein erkennen. Ein mit Rundtürmen besetzter Zwinger, durch den auf der Westseite der mit einem weiteren Turm gesicherte Burgweg führte, umgab die Anlage. Im späten 15. und vor allem in der ersten Hälfte des 16. Jahrhunderts wurde die alte Burg deutlich erweitert und – zweifellos auch als Reaktion auf den Feldzug gegen Franz von Sickingen – zur Festung ausgebaut. Markantestes Gebäude war das neue Zeughaus, in dem Handfeuerwaffen und Kanonen aufbewahrt wurden. Bekanntestes Stück seines Inventars ist der »Greif«, ein neun Tonnen schweres Bronzegeschütz von 1524, das nach seiner leihweisen Rückgabe von Frankreich an Deutschland 1984 an alter Stelle bewundert werden kann.

Festung Ehrenbreitstein

Großflächige Festungsanlage, die gegen Eintrittsgebühr zu besichtigen ist. Zu erreichen per Auto (kostenpflichtige Parkplätze) oder per Seilbahn (Tel. 0261 2016585–0 – www.seilbahn-koblenz.de) vom gegenüberliegenden Koblenzer Rheinufer. Auf dem Festungsgelände befinden sich das Landesmuseum Koblenz (Tel. 0261 6675–4000 – www.landesmuseum-koblenz.de), die Jugendherberge Koblenz (Tel. 0261 972870 – www.diejugendherbergen.de, Stichwort »Jugendherbergen« s.v. Koblenz) sowie das Restaurant Casino (Tel. 0261 6675–2000 – www.diefestungehrenbreitstein.de, Stichwort »Besucherinformationen« s.v. Gastronomie)
Adresse: über dem gleichnamigen rechtsrheinischen Stadtteil von 56077 Koblenz
Tel.: 0261 6675–4000
Internet: www.diefestungehrenbreitstein.de
Öffnungszeiten: 10–18 Uhr (April – Oktober), 10–17 Uhr (November – März), 24. und 31. Dezember geschlossen

Festung Ehrenbreitstein –
Luftaufnahme von Süden, 2011

Landgraf Philipp I. von Hessen – Holzschnitt von H[ans] B[romsamer], vor 1534

Landgraf Philipp I. »der Groß-mütige« von Hessen (1504/18–1567), die Festung Rheinfels und die Festung Rüsselsheim

Philipp von Hessen wurde 1504 in Marburg als Sohn Landgraf Wilhelms II. und Annas von Mecklenburg geboren. Durch den frühen Tod seines Vaters erbte Philipp als Vierjähriger die gesamte Landgrafschaft Hessen, stand aber unter der Vormundschaft zunächst eines Regierungsrats und ab 1514 seiner Mutter, die ihn 1518 als mündig erklären ließ.

Im Winter 1522/23 zog er mit Erzbischof Richard von Trier und Pfalzgraf Ludwig V. gegen Franz von Sickingen, der 1518 Darmstadt überfallen hatte und 1522 von den Grafen von Nassau zum Sachwalter ihrer Ansprüche auf das Erbe der Grafen von Katzenelnbogen ernannt worden war. Die Niederringung des Sickingers verschaffte dem erst 18 Jahre alten Landesherrn reichsweite Beachtung.

In religiösen Belangen schwenkte Philipp 1524 zur protestantischen Lehre um,

die er 1526 in Hessen einführen ließ. Das eingezogene Klostervermögen ermöglichte 1527 auch die Gründung der Marburger Universität als erster protestantischer Hochschule. Im Bauernkrieg von 1525 wandte er sich zwar zunächst gegen die Aufständischen, ließ aber anschließend die zugrundeliegenden Missstände abstellen.

Einen Einbruch erlitten Philipps reformatorische Bemühungen durch seine zweite Ehe mit der sächsischen Hofdame Margarethe von der Saale, die er 1540 noch zu Lebzeiten seiner ersten Frau Christine von Sachsen geheiratet hatte. Um der nach weltlichem Recht für Bigamie geltenden Todesstrafe zu entgehen, schloss er mit Kaiser Karl V. einen Geheimvertrag mit weitreichenden Zugeständnissen. Trotzdem brachen sich die religiösen Gegensätze im Schmalkaldischen Krieg 1546/47 Bahn, in dessen Verlauf der hessische Landgraf nach anfänglichen Erfolgen im Juni 1547 kapitulieren musste.

Nach fünf Jahren Haft in den Niederlanden kehrte Philipp zurück und kümmerte sich um die Konsolidierung seiner hoch verschuldeten Landgrafschaft. Nach Philipps Tod 1567 wurde Hessen unter seine vier Söhne aus erster Ehe aufgeteilt.

In der Kasseler Martinskirche erinnert ein zwölf Meter hohes Epitaph aus Marmor und Alabaster an den Landgrafen. Es wurde nach seinem Tod unter Leitung der Hofbildhauer Elias Godefroy und Adam Liquir Beaumont zwischen 1567 und 1572 angefertigt und zeigt neben verschiedenen biblischen Szenen auch Philipp und seine erste Ehefrau.

Burg und Festung Rheinfels

Der unbedingt sehenswerte Rheinfels veranschaulicht eindrucksvoll die unterschiedlichen Nutzungsphasen einer Befestigungsanlage im Lauf der Jahrhunderte. 1245 von Graf Dieter V. von Katzenelnbogen als noch recht bescheidene

Burg und Festung Rheinfels – Luftaufnahme von Norden, 2001

Burg errichtet, ersetzte oder ergänzte sie eine ältere, schon 1219 genannte Niederungsburg in St. Goar. Ihre vordringliche Aufgabe bestand im Schutz des wohl damals schon seit längerer Zeit erhobenen Rheinzolls. 1256 hielt die Anlage nach einer Zollerhöhung einer Belagerung von unbekannter Dauer – die überall kolportierte Zeitangabe von einem Jahr und 14 Wochen lässt sich nicht zweifelsfrei beweisen – durch ein Truppenaufgebot des Rheinischen Bundes stand. Allein die Stadt Worms kostete die Teilnahme an dieser Militäraktion 2.000 Mark.

Schwierigkeiten für die Katzenelnbogener Grafen sollten sich aber bald auch noch auf ganz anderer Ebene einstellen: Ursprünglich waren sie nichts anderes als seit etwa um 1183 von der Abtei Prüm in deren Fernbesitz St. Goar eingesetzte Vögte, die hier als Verwalter tätig sein sollten. Der Bau von Rheinfels, ohne Genehmi-

gung erfolgt, stellte daher eine Usurpation von Rechten dar, die tatsächlich gar nicht existierten. Zwar konnten die daraus resultierenden Auseinandersetzungen mit der Abtei 1251 beigelegt werden, doch war damit die Eigentumsfrage nicht abschließend geklärt. Nach Beschlagnahme der Prümer Lehen vergab 1330 Kaiser Ludwig IV. (der Bayer) St. Goar und Rheinfels als unmittelbare Lehen an den Katzenelnbogener Grafen, der damit streng genommen zum Träger eines Reichslehens und Rheinfels zu einer Reichsburg wurde. Die später dennoch weiterhin als Lehen von Prüm ausgegebene Burg wurde unter Graf Wilhelm II. (1331–85) umfassend ausgebaut, erweitert und erhielt neben Nordbau und Schildmauer ihren das Erscheinungsbild prägenden Bergfried in »Butterfassform«.

Nach dem Tod Graf Philipps II. von Katzenelnbogen und dem Aussterben der Grafenfamilie gingen ihre Güter und damit

Burg Rheinfels von Westen – Federzeichnung von N.N., vor 1522

auch Rheinfels 1479 an die Landgrafen von Hessen über, wobei berechtigte Ansprüche seitens der Grafen von Nassau mehrere Jahrzehnte lang aufrecht erhalten wurden. Ende des Jahres 1522 betraute Heinrich III. von Nassau-Dillenburg den »ehrenfesten Franz von Sickingen, unseren besonderen guten Freund« mit der Wahrnehmung und Durchsetzung der nassauischen Ansprüche im katzenelnbogischen Erbfolgestreit und erteilte ihm alle erdenklichen Vollmachten. Zu einem durchaus denkbaren Eingreifen des Sickingers ist es angesichts dessen baldigen Scheiterns und Todes nicht mehr gekommen.

Unter Landgraf Philipp II. (1567–83) zu einer groß angelegten Residenz im Renaissancestil umgebaut, wurde Rheinfels nach dem Tod Wilhelms IV. von Hessen-Kassel (1567–92) zum Streitobjekt zwischen den beiden Familienlinien Hessen-Darmstadt und Hessen-Kassel. Im Verlauf des Dreißigjährigen Krieges zweimal von Hessen-Darmstadt erfolglos belagert – darunter 1626 mit 8.000 Soldaten und 40 Geschützen –, sprach ein 1648 geschlossener Vergleich Rheinfels der neuen Linie Hessen-Rotenburg zu.

Nochmals bis zum Ende des 17. Jahrhunderts verstärkt und zur Festung ausgebaut, scheiterten französische Angriffe 1684 und 1688. Als es schließlich 1692/93 selbst 28.000 französischen Soldaten mit rund 60 Geschützen nicht gelang, Rheinfels mit seinen 4.000 Mann Besatzung einzunehmen, konnte dadurch der Ausgriff

Frankreichs auf das Rheinland zum Halten gebracht werden. Weitere Auseinandersetzungen unter den hessischen Landgrafenfamilienlinien sorgten nach einer weiteren Belagerung der Festung 1702 durch Hessen-Kassel schließlich dafür, dass Landgraf Konstantin von Hessen-Rotenburg-Rheinfels 1754 zugunsten der Kasseler Linie auf Rheinfels verzichtete.

Nicht von ungefähr waren die Festungsgebäude zu dieser Zeit bereits in so schlechtem Zustand, dass sie während des Siebenjährigen Krieges 1758 und nochmals 1794 fast kampflos französischen Revolutionstruppen ausgeliefert wurden. 1796/97 wurde die gesamte Anlage gesprengt. Zur privaten Nutzung und damit als Steinbruch freigegeben, kamen die Ruinen 1843 an Prinz Wilhelm von Preußen; zwei Jahre später gefasste Wiederaufbaupläne blieben zum Vorteil der Anlage unverwirklicht. In der zweiten Hälfte des 20. Jahrhunderts mehrfach vorgenommene Sicherungsarbeiten haben den vorhandenen Baubestand gesichert.

Die Gesamtanlage von Rheinfels besteht aus dem mittelalterlichen Burg- und den wesentlich größeren Festungsbereichen aus der Neuzeit. Aus den vielen sehenswerten Gebäuden ragen die zahlreichen Minengänge, von denen einzelne noch begehbar sind (teilweise Taschenlampe erforderlich!), und der gewaltige, durch Überbauung des mittelalterlichen Halsgrabens entstandene Große Keller hervor. Der ehedem die Anlage dominierende Bergfried ist dagegen ebenso gründlich zerstört wie die umfangreichen, bis weit in den Hunsrück reichenden Festungsbastionen. Unter Landgraf Philipp I. scheinen, soweit die geringen Ergebnisse der Forschung besagen, keine größeren Baumaßnahmen unternommen worden zu sein. Eine Wertschätzung ganz anderer Art belegen Bestellungen der landgräflichen Hofhaltung, die 1521 aus Rheinfels Wein nach Marburg liefern ließ.

Eingänge zu den rheinseitigen Kasematten

Burg- und Festungsruine Rheinfels
Großflächige Festungsanlage, die gegen Eintrittsgebühr zu besichtigen ist. Wenige kostenpflichtige Parkplätze unmittelbar vor dem Eingang. Auf dem Festungsgelände befinden sich Teilbereiche des Romantikhotels Rheinfels (Tel. 06741/802-0 - www. schloss-rheinfels.de) und ein Museum.
Adresse: Schlossberg, 56329 St. Goar
Tel.: 06741/7753 (Burg) oder 06741/383 (Tourist-Information St. Goar)
Internet: www.st-goar.de (Stichwort »Burg Rheinfels«)
Öffnungszeiten (nur für 2015): 9-18 Uhr (14. März - 25. Oktober), 9-17 Uhr (26. Oktober - 8. November), ab 10. November geschlossen - Museum 10-12.30 u. 13-17.30 Uhr (14. März - 25. Oktober), 10-12.30 u. 13-16.30 Uhr (26. Oktober - 8. November), ab 10. November geschlossen

Festung Rüsselsheim – Luftaufnahme von Nordosten, 2004

Festung Rüsselsheim

Eine erste Befestigungsanlage in Form eines »Festen Hauses« wurde in Rüsselsheim 1399 von den Grafen Eberhard und Johann von Katzenelnbogen begonnen. Da die Städte Mainz, Frankfurt und Friedberg ihre Reichslehen durch den Neubau gefährdet sahen, schickten sie ebenso wie kurz zuvor Graf Dieter von Katzenelnbogen *von dem huses wegen zu Russelßheim uff dem Meine* Boten zu König Wenzel, der eine abschließende Entscheidung über Baufortführung oder -verbot aber letztlich auf einen geplanten späteren Besuch verschob. Nach der Absetzung Wenzels im Jahr 1400 scheint die Angelegenheit nicht mehr aufgegriffen worden zu sein, bis schließlich Kaiser Sigismund 1437 Graf Johann und seinem Sohn Philipp gestattete, den »burglichen Bau« zu vollenden sowie die gleichnamige Siedlung zu befestigen und zur Stadt zu erheben.

Nach dem Tod des letzten Katzenelnbogeners 1479 fiel Rüsselsheim an Landgraf Heinrich III. von Hessen-Marburg, der

sogleich ungeachtet Mainzer Proteste umfangreiche Verstärkungen vornehmen ließ. Diese waren offensichtlich so beeindruckend, dass der zeitgenössische Chronist Wigand Gerstenberg von Frankenberg in seiner Chronik zum Jahr 1486 vermeldete: *du wart das huß Russelßheym follinbracht* (»Da wurde das Haus Rüsselsheim vollendet«). Tatsächlich zogen sich die Arbeiten, wie Rechnungen der frühen 1490er Jahre belegen, aber noch über Jahrzehnte hin. 1514 mit Rondellen verstärkt, wurde das erstmals 1519 als Festung bezeichnete Rüsselsheim nach dem Schmalkaldischen Krieg (1546/47), in dem es protestantischen Truppen als Stützpunkt gedient hatte, 1547 auf Befehl Kaiser Karls V. geschleift.

Doch schon 1560–1562 ließ Landgraf Philipp I. die Anlage für eine Bausumme von ungefähr 14.000 Gulden wiedererrichten. Am 1. Dezember 1651 scheiterte ein handstreichartiger Versuch Friedrichs von Hessen-Darmstadt, Rüsselsheim seinem Bruder, Landgraf Georg II. von Hessen-Darmstadt, gewaltsam abzunehmen. Dieser Bruderstreit konnte erst im folgenden

Ansicht von Norden – Kupferstich von Wilhelm Scheffern, gen. Dilich, nach unbekannter Vorlage, vor 1604

Jahr durch Vermittlung Erzbischof Johann Philipps von Mainz beigelegt werden. 1656 wurde mit dem Bau eines Ravelin (eigenständiges Festungswerk) vor dem Tor begonnen, der 1672 noch immer auf seine Fertigstellung wartete. Im Verlauf des Pfälzischen Erbfolgekriegs (1688–1697) wurde Rüsselsheim 1688 von französischen Truppen besetzt und ein Jahr später bei ihrem Abzug zerstört.

Ein Wiederaufbau unterblieb, so dass die Ruinen über Jahrhunderte hinweg nicht oder nur teilweise zu anderen Zwecken genutzt wurden. Nach weiteren schweren Zerstörungen während des Zweiten Weltkriegs in den Jahren 1944/45 haben umfangreiche Aufbauarbeiten in den 1970er Jahren versucht, das ursprüngliche Aussehen der Festung zurückzugewinnen.

Von der ursprünglichen, ab 1399 entstandenen Burg hatten sich Reste eines rechteckigen Gebäudes erhalten, dessen Grundriss im heutigen Pflaster des Festungshofs verewigt worden ist. In die Zeit Landgraf Philipps fällt noch indirekt (da als Zehnjähriger noch unter Vormundschaft stehend) der Bau der Rondelle im Jahr 1514, dann aber vor allem der Wiederaufbau der Festung nach der Schleifung von 1547, dem Rüsselsheim sein heutiges Aussehen verdankt. Seit dieser Zeit umgeben den zentralen vierflügeligen, rechteckigen Gebäudekomplex zwei trockene Gräben mit jeweils dazwischen und zwischen den Eckrondellen liegendem Zwischenwall.

Festungsruine Rüsselsheim

In den Räumlichkeiten der Festungsanlage befinden sich das Industrie- und Stadtmuseum, das Stadtarchiv (Tel. 06142 83–2960), das »Café in der Festung« (Tel. 06142 504433 – www.cafe-in-der-festung.de) und das Archiv des Heimatvereins Rüsselsheim e.V. (Tel. 06142 81709). Führungen auf Anfrage möglich.

Adresse: Hauptmann-Scheuermann-Weg 4, 65428 Rüsselsheim
Tel.: 06142 832950 (Industrie- und Stadtmuseum)
Internet: www.museum-ruesselsheim.de
Öffnungszeiten: Zu den Öffnungszeiten des Industrie- und Stadtmuseums (Di.–Fr. 9–13 u. 14–17 Uhr, Sa.–So. 10–17 Uhr) ist der Innenhof frei begehbar. Der begehbare Teil der Festungswälle ist Di.–So. von 10–16 Uhr zugänglich.

Blick von Osten in das Ostrondell

Kurfürst Ludwig V. von der Pfalz und Ehefrau Sibille – Kupferstich von Jost Amman nach unbekannter Vorlage, o.J. [um 1570]

Pfalzgraf Ludwig V. »der Friedfertige« (1478/1508–1544), die Stiftskirche in Neustadt an der Weinstraße und das Heidelberger Schloss

Pfalzgraf Ludwig V. kam im Jahr 1478 als Sohn Kurfürst Philipps von der Pfalz (1448/1476–1508) und der Margarete von Bayern-Landshut zur Welt. Nach dem Tod seines Vaters 1508 übernahm er im Alter von 29 Jahren Pfalzgrafschaft und Kurwürde.

Im ersten Jahrzehnt nach Regierungsantritt erreichte er es durch sein geschicktes Vorgehen, die Kurpfalz aus den schwierigen politischen Verhältnissen, in die sie seit dem Landshuter Krieg von 1504 gekommen war, herauszulösen. Zu diesen Bestrebungen um eine Verständigung mit seinen bayerischen Vettern gehört auch die Heirat mit Sibylle, Tochter Herzog Albrechts IV. von Bayern (1511). Auf dem Reichstag zu Augsburg 1518 gelang ihm der Ausgleich mit Kaiser Maximilian, der ihn rehabilitierte und förmlich in seine althergebrachten Rechte

einsetzte. Nach dem Tod des Kaisers 1519 stimmte Ludwig im Gegenzug für erhebliche Geldzahlungen für den Enkel Maximilians, Karl V.

1522/23 zog er mit dem Trierer Erzbischof Richard und dem hessischen Landgrafen Philipp I. gegen Franz von Sickingen, dessen Vorgehen er lange Zeit zumindest geduldet hatte. Im Bauernkrieg 1525 versuchte er mit den Aufständischen in der Rheinpfalz, am Rhein und in Franken zu verhandeln, blieb jedoch erfolglos und nahm daraufhin mehrmals an Militäraktionen gegen die Bauern teil.

Neben seinen politischen und militärischen Ambitionen verdienen seine Bautätigkeit (u. a. Errichtung des »Ludwigsbaus« auf dem Heidelberger Schloss) und ein von ihm selbst verfasstes zwölfbändiges *Buch der Medicin* Beachtung.

Am 16. März 1544 verstarb Kurfürst Ludwig V. im Alter von 65 Jahren an den Folgen eines Schlaganfalls. Seine sterblichen Überreste wurden in der Heiliggeistkirche in Heidelberg beigesetzt, wo sie bei der Niederbrennung des Sakralbaus im Jahr 1693 durch französische Soldaten verloren gingen. Da Ludwig und seine Ehefrau Sibylle keine Kinder hatten, folgte ihm sein Bruder Friedrich unter dem Namen Friedrich II. als Pfalzgraf und Kurfürst nach.

Wappen Ludwigs V. am Ludwigsbau des Heidelberger Schlosses von 1524

Die ehemalige Stiftskirche in Neustadt an der Weinstraße von Südwesten – Stahlstich von J[ohannes] Poppel nach Zeichnung von R[ichard] Höfle, vor 1855

Die Stiftskirche in Neustadt an der Weinstraße

Im Zentrum von Neustadt an der Weinstraße erhebt sich die ehemalige Stiftskirche mit ihren beiden markanten Türmen. Sie nimmt die Stelle der älteren, aus dem frühen 13. Jahrhundert stammenden Pfarrkirche St. Ägidius ein, die spätestens ab 1368 durch einen gotischen Neubau ersetzt wurde.

Schon von Beginn an fungierte der neue Sakralbau mit dem Patrozinium St. Maria, an den sich ein 1356 gegründetes Stift anfügte, als Begräbnisstätte für Mitglieder der pfalzgräflichen Familie. Mit der Einführung der Reformation in Neustadt 1556 wurde diese Tradition ebenso endgültig aufgegeben wie das Stift, das an die neue protestantische Pfarrei überging. 1705 erhielt die inzwischen wieder praktizierende katholische Kirchengemeinde das Nutzungsrecht am Chorbereich, während die Protestanten das größere Langhaus mit Pfarrchor und Türmen zugesprochen bekamen. Dementsprechend separierte man 1707/1708 beide Teile der zum Simultaneum gewordenen Kirche mit einer noch heute existierenden Trennmauer.

Die bedeutende gotische Kirche präsentiert sich als vollständig aus rotem Sandstein errichtete Basilika mit einem fünfjochigen Langhaus, Doppelturmfront (15. Jahrhundert), Vorhalle und Chorbereich mit 5/8-Schluss. Im Inneren befinden sich noch fünf Grabdenkmäler für Pfalzgraf Rudolf II. († 1353), seine zweite Ehefrau Margarete von Aragon († 1377), Pfalzgraf Ruprecht I. († 1390), dessen Ehefrau Beatrix von Berg († 1395) und Blanche von England († 1409). An der Decke des Chors zeigen um 1420 ausgeführte bedeutende Malereien die bei-

König Ruprecht I. (= Pfalzgraf Ruprecht III.) – Deckenmalerei im Chorgewölbe, um 1420

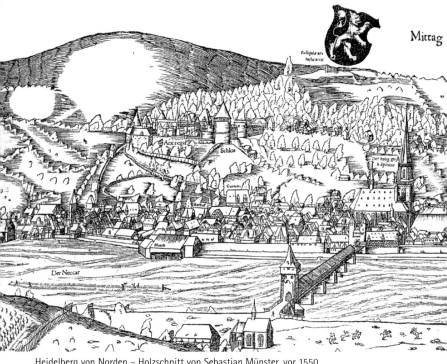

Heidelberg von Norden – Holzschnitt von Sebastian Münster, vor 1550

den pfälzischen Kurfürsten Ruprecht III. (= König Ruprecht, † 1410) und Ludwig III. (†1436) mit ihren Ehefrauen.

Die Bedeutung von Neustadt vermittelt sich noch immer sehr deutlich: Im Bemühen um ein geschlossenes Territorium hatten die rheinischen Pfalzgrafen im 13. Jahrhundert versucht, sich hier einen Herrschaftsmittelpunkt zu schaffen, wobei die beiden Burgen Winzingen (vor 1248) und Wolfsburg (vor 1256) als Schutz für die 1275 mit Stadtrecht privilegierte Siedlung gedient haben dürften. 1356 war das Bedürfnis hinzugekommen, mit der Stiftskirche eine Grablege und Gedenkstätte anzulegen und damit das Bewusstsein um die eigene Bedeutung baulich zu manifestieren. Genau diese Faktoren trafen auch auf Heidelberg zu, das zu Beginn der Frühen Neuzeit seinem Vorgänger Neustadt den Rang ablaufen sollte. Zur Zeit Franz' von Sickingen und der beginnenden Reformation war die Frage, wo die Hauptresidenz der pfälzi-schen Kurfürsten denn nun sein sollte, freilich noch offen. Während Neustadt im Wesentlichen vorhandene Strukturen aufwies, stand Heidelberg der große Aufschwung erst noch bevor.

Ehemalige Stiftskirche Unserer Lieben Frau und St. Ägidius in Neustadt an der Weinstraße
Simultanpfarrkirche für die protestantische und die katholische Kirchengemeinde
Adresse: Marktplatz 2 / Hauptstraße 97, 67433 Neustadt an der Weinstraße
Tel.: 06321 84360 (Pfarrgemeinde Neustadt-Stiftskirche 1)
Internet: www.stiftskirchen-gemeinde-nw.de
Öffnungszeiten:
täglich von 11–15 Uhr

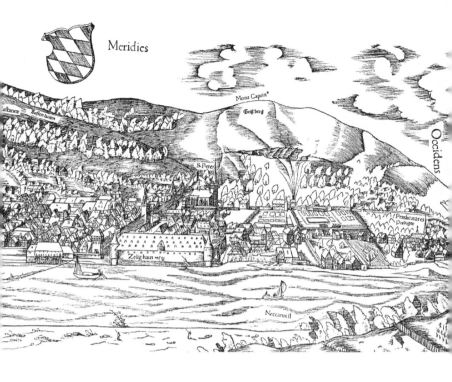

Das Heidelberger Schloss

Eine erste Befestigungsanlage in Heidelberg lässt sich bis in die zweite Hälfte des 12. Jahrhunderts zurückverfolgen, als der rheinische Pfalzgraf Konrad von Staufen (1156–1195), ein Halbbruder Kaiser Friedrichs I. »Barbarossa«, um 1182 seine Residenz von Burg Stahleck am Mittelrhein »in die Burg Heidelberg« (*in castrum Heidelberg*) verlegte. Im Verlauf der nachfolgenden Jahrhunderte wurde die zunächst eher kleine und von den Bischöfen von Worms zu Lehen gehende Anlage durch die pfälzischen Kurfürsten zu einem in jeder Hinsicht großartigen Schlosskomplex um- und ausgebaut, der selbst nach seiner Zerstörung durch französische Truppen im Jahr 1693 kaum etwas an Faszination eingebüßt hat.

Pfalzgraf und Kurfürst Ludwig V. gilt als ein prägender Gestalter der Schlossanlage, die auf seine Veranlassung hin massiv umgeformt wurde. So veranlasste er 1524 im Ostteil des Innenhofs die Errichtung eines zunächst vergleichsweise unscheinbaren, jedoch funktionalen rechteckigen Wohngebäudes, welches das Mauerwerk eines Vorgängerbaus stellenweise mit einbezog. Die drei Geschosse dieses »Ludwigsbaus« wurden von einem mittig vorgesetzten Treppenturm erschlossen, der über seinem Eingangsportal noch immer das Wappen des Kurfürsten nebst Datierung und am unteren Abschluss zwei ihre Kräfte im spätmittelalterlichen »Strangkatzenziehen« messende Affen aufweist. Der Gesamteindruck des Gebäudes ist heute ein völlig anderer, da Kurfürst Ottheinrich (1502/56–1559) 1556 die nördliche (vom Betrachter aus gesehen linke) Hälfte abreißen und durch einen prächtigen Renaissancebau (»Ottheinrichsbau«) ersetzen ließ. Zudem fehlt seit Zerstörungen im späten 17. und im 18. Jahrhundert der die Südwand ehemals abschließende Staffelgiebel.

Ostseite des Heidelberger Schlosses mit Ludwigsbau (links) und Ottheinrichsbau (rechts) – Kupferstich von Matthäus Merian d. Ä. nach unbekannter [eigener?] Vorlage, vor 1645

Einen Hinweis auf die Pracht von Gebäuden und Inventar zu Beginn des 16. Jahrhunderts liefert eine Bemerkung Martin Luthers, der 1518 zum Generalkapitel des Augustinereremitenordens nach Heidelberg eingeladen worden war. Dort sollte er mit Gelehrten und Studenten über Glaubensfragen ein Streitgespräch führen, besuchte aber auch das Schloss, »... wo wir uns allen Zierrat der pfälzischen Hofkapelle, hernach aber auch das Kriegsgerät und schließlich fast alles, was jenes königliche und höchst bedeutende Schloss Schönes besitzt, betrachtet haben«. Dies ist auch ein bemerkenswertes Zeichen dafür, dass es in der pfalzgräflichen Residenz offensichtlich keine Vorbehalte gab, dem umstrittenen Reformator Zutritt zu gewähren.

Ludwigsbau mit ehemals mittig angesetztem Treppenturm von Nordwesten

Schlossruine Heidelberg
Weitläufige Schlossanlage, die gegen Eintrittsgebühr besichtigt werden kann (Schlosshof, Großes Fass). Führungen in den Innenräumen möglich zu gesondert ausgewiesenen Zeiten. Im Ottheinrichsbau befindet sich das Deutsche Apotheken-Museum (Tel. 06221 25880 – www.deutsches-apotheken-museum.de).
Adresse: Schlosshof 1, 69117 Heidelberg
Tel.: 06221 538472
Internet: www.schloss-heidelberg.de
Öffnungszeiten: 8–18 Uhr (täglich) außer 8–13 Uhr (24./31. Dezember), jeweils letzter Einlass 30 Min. vor Schließung – 25. Dezember geschlossen

Franz von Sickingen und
die Reformation:
Reichstage und Reformatoren

Martin Luther – Holzschnitt von N.N.,
vor 1522

Martin Luther (1483–1546) und das Lutherdenkmal in Worms

Martin Luther kam am 10. November 1483 in Eisleben (heute in Sachsen-Anhalt) als Sohn des Bergmanns und Mineneigen- tümers Hans Luther und dessen Ehefrau Margarethe, geb. Lindemann, zur Welt. Nach der Schulzeit in Mansfeld, Magde- burg und Eisenach studierte er 1501 in Erfurt die »septem artes liberales« (»sie- ben freie Künste« = Grammatik, Rhetorik, Dialektik, Arithmetik, Geometrie, Musik und Astronomie), die er 1505 mit dem Titel eines Magister Artium abschloss. Danach begann er mit dem Studium der Rechte, das er jedoch nach kurzer Zeit wegen eines unter Todesangst bei einem Gewitter geleisteten Gelübdes abbrach. Am 17. Juli 1505 trat er in das Kloster der Augustinereremiten in Erfurt ein, wo er 1507 zum Diakon und Priester geweiht wurde. Eigene sehr negative Eindrücke von einer Romreise 1511 und eine stets in seinem Bewusstsein verankerte Suche nach dem »gnädigen Gott« sorgten für ein Umdenken Luthers in theologischen Belangen und für den Beginn seiner Ent- wicklung zum Kirchenreformator.

Nach seiner Übersiedlung nach Wit- tenberg erwarb er 1512 den Doktortitel in der Theologie und übernahm den dortigen Lehrstuhl für Bibelauslegung. Als Provin- zialvikar des Augustinereremitenordens fiel ihm eine führende Rolle in seinem

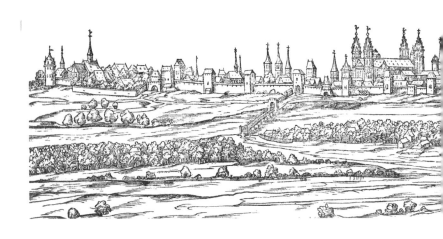

Orden zu, ohne dass er seine kritischen theologischen Ansichten aus den Augen verlor. Seine seit 1516 öffentliche Kritik am Ablassmissbrauch und der Thesenanschlag am 31. Oktober 1517 verbreiteten sich rasch. Selbst die Exkommunikation durch Papst Leo X. am 3. Januar 1521 hinderte ihn nicht daran, die bisherige christliche Lehre in Frage zu stellen und dabei den Vorrang der Gewissensfreiheit des Einzelnen in Glaubensfragen gegenüber Konzilsentscheiden der Bischöfe zu betonen.

Von Kaiser Karl V. auf den Wormser Reichstag beordert, erreichte Luther am 15. April 1521 Oppenheim, wo ihn Martin Bucer auf die Ebernburg des Franz von Sickingen zu einem Gespräch mit dem Beichtvater des Kaisers, dem Franziskaner Jean Glapion, einlud. Doch der exkommunizierte Reformator stand lediglich noch für drei Tage unter dem Schutz des für seine Anreise zugesicherten Geleits und schlug – eine Falle Erzbischof Albrechts IV. von Mainz vermutend – deshalb das Angebot aus. Am 18. April 1521 verweigerte der Augustinereremit auf dem Wormser Reichstag einen Widerruf, woraufhin am 26. Mai die Reichsacht über ihn verhängt und er damit vogelfrei wurde, also straffrei getötet werden konnte. Da dem sächsischen Kurfürsten Friedrich III., der die reformatorischen Ideen unterstützte, aber freies Geleit für Luther zugesichert worden war, konnte der Geächtete ungehindert abreisen. Auf dem Weg zurück nach Wittenberg wurde er auf Veranlassung von Friedrich »entführt« und auf der Wartburg in Schutzhaft genommen. Nachdem er dort neun Monate als »Junker Jörg« verbracht und das Neue Testament ins Deutsche übersetzt hatte, kehrte er 1522 nach Wittenberg zurück.

Im Juni 1525 heiratete er die ehemalige Nonne Katharina von Bora und brach damit endgültig mit dem Mönchsleben. Nach dem von ihm abgelehnten Aufstand der Bauern im selben Jahr förderte er mit Visitationen (Kontrollbesuchen) und Kirchenordnungen die Organisation evangelischer Landeskirchen. 1534 konnte er die erste vollständige Bibelübersetzung vollenden und publizieren (»Biblia/das ist/die gantze Heilige Schrifft Deudsch«). Am 18. Februar 1546 verstarb er in seiner Geburtsstadt Eisleben und wurde vier Tage später in der Schlosskirche von Wittenberg bestattet.

Worms (Ansicht vor 1550) – Holzschnitt von Sebastian Münster, vor 1628

Lutherdenkmal in Worms von Süden, 2010

Das Lutherdenkmal in Worms

Mit Allerhöchster Genehmigung Seiner Königlichen Hoheit des Großherzogs Ludwig III. von Hessen und bei Rhein, und unter Allerhöchstdessen huldreichem Protectorate ist in Worms ein Verein in's Leben getreten, der sich die Aufgabe stellt, durch Sammlung von freiwilligen Beiträgen die Mittel aufzubringen, um dem Reformator Dr. Martin Luther in der Stadt, in welcher er durch sein heldenmüthiges Glaubensbekenntniß vor Kaiser und Reich am 18. April 1521 gleichsam den Grundstein zu allen evangelischen Kirchen der Erde gelegt hat, ein großartiges Standbild aus Erz zu errichten. Mit diesen Worten inserierte der auf Initiative des Wormser Dekans Eduard Franz Keim und des Gymnasiallehrers Friedrich Eich neu gegründete Luther-Denkmal-Verein im Dezember 1856 seinen ersten Spendenaufruf in der Presse.

Der Erfolg der Werbungen des Vereins blieb nicht aus: Dank Spenden aus Europa und sogar aus Nord- und Südamerika konnte der Auftrag zu Entwurf und Ausführung des geplanten Denkmals 1858 an den renommierten sächsischen Bildhauer Ernst Rietschel (1804–1861) vergeben werden, der bis zu seinem Tod daran arbeitete.

Gemäß seinem Gesamtentwurf vollendeten seine Schüler Adolf Donndorf, Gustav Adolph Kietz, Johannes Schilling und der Architekt Hermann Nicolai das Monument innerhalb der folgenden sieben Jahre.

Am 25. Juni 1868 wurde das neue Denkmal im Rahmen einer würdevollen Zeremonie enthüllt. Unter den mehr als 20.000 Festteilnehmern befanden sich zahlreiche Fürsten und bedeutende Persönlichkeiten evangelischen Bekenntnisses aus ganz Deutschland, darunter auch König Wilhelm I. von Preußen (der spätere Kaiser Wilhelm I.). Das Monument

Franz von Sickingen – Bronzegussplatte am Lutherdenkmal

Figuren des Lutherdenkmals im »Ciselirsaal« der Bronzegießerei in Lauchhammer – Holzschnitt von N.N., vor 1867

ging nach der Feier in das Eigentum der Stadt über, die den beiden Vorsitzenden des Luther-Denkmal-Vereins, Keim und Eich, das Ehrenbürgerrecht verlieh. Die triumphartige Aussage des Lutherdenkmals hat bereits bei seiner Einweihung für Unmut in katholischen Kreisen gesorgt und ist bis heute nicht unumstritten.

Das in seiner Größe und künstlerischen Gestaltung beeindruckende Ensemble nimmt eine quadratische, leicht erhöhte Grundfläche ein, die an drei der 12,5 Meter langen Seiten von einer niedrigen Mauer umgeben wird. Insgesamt zwölf in Bronzeguss ausgeführte Figuren, von denen nur Luther und Wyclef noch von Ernst Rietschel persönlich modelliert worden sind, vermitteln einen Überblick über den Kreis der für die Reformation bedeutenden Persönlichkeiten.

In der Mitte steht auf hohem quadratischen Sockel Luther, zu seinen Füßen sitzen an den vier Ecken die im 19. Jahrhundert als »Vorreformatoren« bewerteten Petrus Waldus, John Wyclef, Johann Hus und Girolamo Savonarola. An den äußeren Ecken des Monuments bzw. der Begrenzungsmauer befinden sich die Statuen von Kurfürst Friedrich III. von Sachsen, Johannes Reuchlin, Philipp Melanchthon und Landgraf Philipp I. von Hessen, flankiert von den zwischen ihnen mittig angeordneten allegorischen Frauenfiguren der Städte Augsburg (mit Friedenspalme), Speyer (protestierend) und Magdeburg (trauernd). Auf der Innenseite der Einfriedungsmauer sind auf Höhe der symbolisierten Zinnen zudem Wappenreliefs der Städte angebracht, die sich der Reformation angeschlossen hatten.

Neben dem internationalen Reformationsdenkmal in Genf (vollendet 1917) gilt das Wormser Monument als weltweit größtes Denkmal für die Reformation. 2008 konnten umfangreiche Restaurierungsarbeiten abgeschlossen werden, so dass der heutige Besucher wieder den Ursprungszustand erlebt.

Das Lutherdenkmal in Worms
Adresse: gegenüber von Lutherring 28, 67547 Worms
Tel.: 06241 853 – 7306 (Tourist Information Worms)
Internet: –.–
Öffnungszeiten:
jederzeit frei zugänglich

Martin Bucer (1491–1551) und das Straßburger Münster

Martin Bucer wurde am 11. November 1491 als Sohn des Fassbinders Klaus Butzer und dessen Ehefrau Eva im elsässischen Schlettstadt geboren. Als seine Eltern 1501 nach Straßburg zogen, blieb ihr Sohn bei seinem Großvater in Schlettstadt, wo er wohl die berühmte Lateinschule besuchte. Nach eigener Aussage überredete ihn sein Großvater, in das dortige Dominikanerkloster einzutreten, da er zu einer weiteren finanziellen Unterstützung seines 15jährigen Enkels nicht mehr bereit war. Im Januar 1517 ging Martin, inzwischen zum Priester geweiht, in das Ordenshaus nach Heidelberg und nahm dort ein Studium auf, das er nach kurzer Zeit erfolgreich abschloss.

Von langfristiger Bedeutung für sein weiteres Leben sollte eine Begegnung mit Martin Luther sein, der 1518 einer Einladung nach Heidelberg zu einem theologischen Streitgespräch (»Heidelberger

Martin Bucer – Holzschnitt von N.N. [Théodore de Bèze?], vor 1580

Disputation«) gefolgt war. Spätestens seit 1520 versuchte Bucer aus seinem Orden auszutreten, brach zu Beginn des Jahres 1521 sein Studium ab und zog im März auf die Ebernburg, wo er zwei Monate lang mit Ulrich von Hutten zusammenar-

beitete. Am 15. April reiste er im Auftrag Franz' von Sickingen nach Oppenheim, um dort Martin Luther dazu zu bewegen, nicht auf den Wormser Reichstag, sondern auf die Ebernburg zu kommen. Als Luther, der von Kaiser Karl V. vorgeladen worden war, ablehnte, kehrte Bucer am 17. April zurück. Vier Tage später wurde er von Bischof Georg von Speyer von seinen Ordensgelübden entbunden und trat Mitte Mai als Hofkaplan in den Dienst Pfalzgraf Friedrichs II., den er jedoch nach nicht einmal einem Jahr quittierte. Durch Franz von Sickingen erhielt er das Pfarramt im pfälzischen Landstuhl, wo er 1522 Elisabeth Silbereisen, eine ehemalige Nonne aus dem Benediktinerinnenkloster Lobenfeld, heiratete.

Im Winter 1522/23 betätigte er sich als evangelischer Prädikant (Prediger) in der elsässischen Stadt Weißenburg. 1523

deshalb vom Speyerer Bischof exkommuniziert, floh er nach Straßburg, wo er für die nächsten 25 Jahre bleiben sollte. Zusammen mit Matthäus Zell (1477-1548), Pfarrer am dortigen Münster, und Wolfgang Capito (1478-1541) legte er den Grundstein für die Reformation im Elsaß. Neben seinen Tätigkeiten vor Ort bewältigte Bucer ein für damalige Verhältnisse unglaubliches Reisepensum, das ihn zur Leitfigur der Reformation in Südwestdeutschland werden ließ. 1530 verfasste er zusammen mit Capito die *Confessio Tetrapolitana*, das Glaubensbekenntnis der vier Städte Straßburg, Memmingen, Lindau und Konstanz, und war erheblich beteiligt an der Durchsetzung der Reformation in den Reichsstädten Ulm (1530), Memmingen und Biberach an der Riß (1531) sowie Augsburg (1534-37). 1538 gelang ihm im Auftrag Landgraf Philipps I. von Hessen die Eindämmung der Täuferbewegung in Hessen, während ein Reformationsversuch in Köln 1542/43 scheiterte. Nach dem Tod seiner ersten Frau Elisabeth heiratete Bucer

Straßburg am Ende des 15. Jahrhunderts – Kolorierter Holzschnitt von N.N., vor 1493

1541 Wibrandis Rosenblatt, die Witwe von Wolfgang Capito.

Der Versuch einer zwischenzeitlichen Regulierung der kirchlichen Verhältnisse vordringlich in katholischem Sinne durch Kaiser Karl V. mit dem »Augsburger Interim« beendete Bucers Wirken 1548 abrupt. Straßburg schloss sich der kaiserlichen Verordnung an und entließ den Reformator aus seinen Diensten. Im April 1549 folgte Bucer einer Einladung Erzbischof Thomas' von Canterbury (1533–1556) nach England und widmete sich in den letzten Lebensjahren der Reform der englischen Kirche. Durch eine ihm verliehene Professur in Cambridge und grundlegende Schriften wie »De regno Christi« (Über das Königreich Christi) übte er wesentlichen Einfluss auf die junge anglikanische Kirche und insbesondere auf deren 1547 zusammengestelltes, bis 1980 allein gültiges »Book of Common Prayer« (Allgemeines Gebetbuch) aus.

Nach nur drei Jahren Tätigkeit in England verstarb Martin Bucer nach kurzer schwerer Krankheit am 1. März 1551 in Cambridge. Während der zwischenzeitlichen Rekatholisierung Englands unter Königin Maria I. Tudor (1553–1558) wurde Bucer 1557 posthum zum Ketzer erklärt, sein Sarg in der Great St. Mary Church in Cambridge exhumiert und zusammen mit seinen Schriften öffentlich verbrannt. Unter ihrer Nachfolgerin, Königin Elisabeth I. (1558–1603), wurde er im Juli 1560 in einem feierlichen Akt rehabilitiert.

Nicht zu Unrecht gilt Bucer als der Reformator Straßburgs und des Elsaß, doch geht seine Bedeutung weit darüber hinaus. Dabei lässt sich bei aller Konsequenz im Gegensatz zu vielen anderen Reformatoren zumeist eine eher gemäßigte, vermittelnde Haltung erkennen. Für die evangelische Kirche bleibt er bis heute durch die auf ihn zurückgehende, erstmals 1539 in der »Ziegenhainer Kirchenzuchtordnung« formulierte »Konfirmation« im Bewusstsein verankert.

Das Straßburger Münster

Das Straßburger Münster steht an der Stelle mindestens eines, wenn nicht sogar mehrerer Vorgängerbauten. An Hand von geringen archäologischen Resten fassbar ist eine ab 1015 zur Zeit Erzbischof Werners von Straßburg (1001–1028) errichtete dreischiffige Basilika. Diese Kirche wurde mehrfach durch Brände beschädigt und nach 1176 in mehr als 250 Jahre andauernden Bauvorgängen allmählich durch das heutige Kirchengebäude ersetzt.

Noch im 12. Jahrhundert entstanden Apsis, Chor und Querschiff im spätromanischen Stil, denen um 1245 innerhalb von drei Jahrzehnten das neue, gotische Langhaus folgte; 1276 begann der Bau der imposanten Westfassade. Mehrfach abgeänderte Planungen sorgten dafür, dass von den vorgesehenen zwei Türmen nur der nördliche mit verändertem Abschluss seine Vollendung fand. Damit endeten 1439 die Bautätigkeiten.

Während der Reformation spielte Straßburg eine Vorreiterrolle für den südwestdeutschen Protestantismus. Seit 1518 wirkte der Theologe und Reformator Matthäus Zell (1477–1548) im Münster, der ab 1521 nach den lutherischen Schriften zu predigen begann. In kurzer Zeit schloss sich die gesamte Stadt der neuen Lehre an, was auch zur Folge hatte, dass sich Straßburg nicht an den Kämpfen gegen Franz von Sickingen beteiligte und andernorts vertriebenen Reformatoren wie Martin Bucer Zuflucht gewährte. Nach Abschaffung der Messe 1529 hielten die evangelischen Christen bis zum Jahr 1681 – mit einer Unterbrechung von 1548 bis 1559 – ihren Gottesdienst im Münster.

Nach dem Deutsch-Französischen Krieg 1870/71 musste der beschädigte romanische Vierungsturm unter Dombaumeister Gustave Klotz gesichert werden. In seinem Auftrag sorgte 1875 Eduard von Steinle für die Ausmalung des Chorgewölbes im neubyzantinischen Stil, während am Eingang die noch existierenden Bronzetüren angebracht wurden. Seit der Mitte des 20. Jahrhunderts haben sich – nach Zerstörungen durch die amerikanische Luftwaffe 1944 sowie wegen durch Umweltverschmutzung und durch Sturm hervorgerufener Schäden – zahlreiche Sanierungs- und Restaurierungsmaßnahmen angeschlossen.

Das Straßburger Münster präsentiert sich dem Betrachter als von Nordost nach Südwest ausgerichteter Sakralbau mit vergleichsweise kurzem Querschiff und darüber aufragendem, 58 Meter hohen Vierungsturm. Im Nordosten wird der Kirchenbau vom spätromanischen Chorbereich, im Südwesten von der massiven, 66 Meter hohen Westfassade mit drei gotischen Portalen, Fensterrose und dem dominierenden, 142 Meter hohen (Nord-) Turm abgeschlossen. Das Langhaus nimmt das 32 Meter hohe und 16 Meter breite Mittelschiff und zwei nördlich und südlich flankierende Seitenschiffe in sich auf. Besondere Beachtung verdient neben dem großartigen Bildprogramm des Hauptportals die von 1838–43 konstruierte und vollständig funktionsfähige Astronomische Uhr, Nachfolgerin zweier Vorgängeruhren von 1352–54 und 1547–74.

**Das Straßburger Münster
(La cathédrale de Strasbourg)**
Münster Unserer Lieben Frau
Adresse: Place de la Cathédrale,
F-67700 Strasbourg
Tel.: 0033 388522828 (Fremdenverkehrsamt / Office de Tourisme)
Internet: www.cathedrale-strasbourg.fr (auch in deutscher Sprache)
Öffnungszeiten: 7–11.20 u. 12.35–19 Uhr (täglich)

Das Straßburger Münster
von Südosten, 2008

Philipp Melanchthon (1497–1560) und das Melanchthonhaus in Bretten

Philipp Melanchthon wurde am 16. Februar 1497 in Brettheim (damaliger Name für Bretten) im Kraichgau als erstes Kind des kurpfälzischen Rüstmeisters und Waffenschmieds Georg Schwarzerd(t) und dessen Ehefrau Barbara Reuter geboren. Nach dem frühen Tod des Vaters 1508 kam Philipp zusammen mit seinem Bruder Georg zu seiner Großmutter Elisabeth, einer Schwester des Humanisten Johannes Reuchlin, nach Pforzheim, wo er an der bekannten Lateinschule Unterricht erhielt. Reuchlin betitelte ihn 1509 wegen seiner Begabung für die klassischen Sprachen mit dem Humanistennamen »Melanchthon«, also mit einer Übersetzung seines Familiennamens Schwarzerd(t) in das Altgriechische.

Im Alter von zwölf Jahren begann Melanchthon, wie er sich von nun an nannte, ein Studium an der Universität Heidelberg, von der er 1512 nach Tübingen wechselte. Nach Abschluss des Quadriviums (Studium

Philipp Melanchthon vor 1526 – Kupferstich von [Theodor de] B[ry] nach einem Kupferstich von Albrecht Dürer, vor 1598

von Arithmetik, Geometrie, Musik und Astronomie) mit dem Titel eines Magister Artium 1514 konnte er mehrere Arbeiten publizieren, darunter 1518 eine vielgenutzte Grammatik für Altgriechisch.

Beeindruckt von den Thesen Martin Luthers ging Melanchthon 1518 nach Wit-

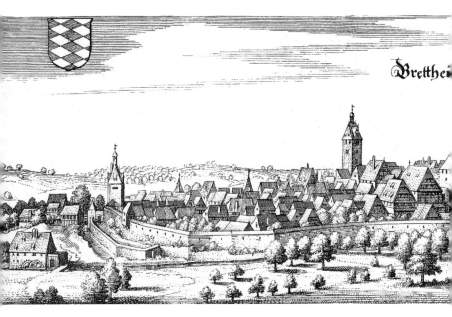

tenberg, wo er noch im selben Jahr eine neugeschaffene Professur für Griechische Sprache übernehmen konnte. Ungeachtet seiner Größe von lediglich 1,50 Meter und eines leichten Sprachfehlers verstand er es, sein Publikum mit seiner Wissensfülle und Rhetorik zu begeistern. Auf Vermittlung Luthers, mit dem ihn zeitlebens eine enge Freundschaft verband, lernte der junge Professor die gleichaltrige Katharina Krapp kennen, die er 1520 – eher dazu gedrängt als freiwillig – heiratete. Beide bezogen ein unscheinbares Haus in Wittenberg und bekamen vier Kinder, von denen jedoch nur drei das Erwachsenenalter erreichten.

Melanchthon betätigte sich in den folgenden Jahrzehnten sowohl als Universitätslehrer als auch in kirchlichen Angelegenheiten. Seine Lehrtätigkeit, viele Publikationen, die Einführung neuer Studienregularien und Entwürfe für Schulordnungen auf der Grundlage eines humanistischen Bildungsideals brachten ihm bald den Ehrentitel *praeceptor Germaniae* (»Lehrer Deutschlands«) ein. Als Reformator nahm er seit 1519 an allen wichtigen Verhandlungen der seit 1529 »Protestanten« genannten Anhänger Luthers teil, dem er auch als Korrektor bei dessen Bibelübersetzung maßgeblich zur Seite stand. Seine eigenen, sehr zahlreichen Veröffentlichungen zeigen das Bemühen um inhaltliche Ausfüllung und Weiterentwicklung des Protestantismus, insbesondere in der den lutherischen Reichsständen als verbindliche Bekenntnisschrift dienenden »Confessio Augustana« von 1530. Durchgängig sprach sich Melanchthon für einen Verzicht auf gewaltsame Durchsetzung der reformatorischen Ideen aus – mit einer gravierenden Ausnahme hinsichtlich der Bewegung der Täufer, deren Verfolgung von ihm ausdrücklich gutgeheißen wurde.

Angesichts dieses ungeheuren Arbeitspensums nahm Melanchthon aber kaum Rücksicht auf seine ohnehin wenig robuste Konstitution. 1560 bekam er nach Rückkehr von einer Reise nach Leipzig eine fiebrige Erkältung, an der er am 19. April im Alter von 63 Jahren verstarb. Seine sterblichen Überreste wurden in der Schlosskirche zu Wittenberg neben denen von Martin Luther beigesetzt.

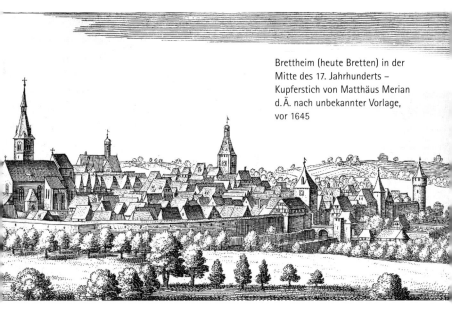

Brettheim (heute Bretten) in der Mitte des 17. Jahrhunderts – Kupferstich von Matthäus Merian d. Ä. nach unbekannter Vorlage, vor 1645

Das Melanchthonhaus in Bretten – Ansicht von Norden, 2012

Das Melanchthonhaus in Bretten

Das heute als Melanchthonhaus bezeichnete prächtige Gebäude in Bretten (Landkreis Karlsruhe , Baden-Württemberg) ist das dritte, möglicherweise sogar vierte Haus an dieser Stelle seit dem 16. Jahrhundert. Welches Aussehen und welches Alter der Ursprungsbau hatte, in dem Philipp Schwarzerd(t) 1497 zur Welt kam und die ersten elf Lebensjahre verbrachte, ist vollständig unbekannt, da dieses Bauwerk spätestens im Verlauf des Pfälzischen Erbfolgekriegs 1689 abgebrannt ist. Inwieweit ein am Beginn des frühen 20. Jahrhunderts noch erhaltener Eckquader mit einer Inschrift *19 AP[R]ILIS ANN[O] 1560* (= 19. April 1560) damit in Zusammenhang gebracht werden kann, bleibt in vielerlei Hinsicht offen.

Nach der Zerstörung von 1689 fand, wie eine weitere Inschrift auf einem Wappenschild nahelegt, im Jahr 1705 über den Trümmern ein dreistöckiger Neubau in Form eines verputzten Fachwerkhauses über massivem Erdgeschoss seinen Platz. Zum 400. Geburtstag Melanchthons 1897 wurde dieses eher schlichte Bauwerk abgetragen. Auf Anregung des Kirchenhistorikers und christlichen Archäologen Nikolaus Müller entstand nach Plänen des Berliner Architekten Johannes Vollmer ein prächtiges neugotisches Gebäude, das nach sechs Jahren Bauzeit unter den ausführenden Architekten Hermann Billing und Wilhelm Jung am 25. Juni 1903 feierlich eingeweiht werden konnte. Sowohl das damalige Aussehen als auch die Inneneinrichtung haben sich über mehr als ein Jahrhundert hinweg bis heute nahezu unverändert erhalten. Lediglich die Dauerausstellung wurde in den Jahren 2002–2003 neu konzipiert und in modernen Formen bewusst als Gegensatz zur unverändert belassenen historischen Räumlichkeit inszeniert.

Das längsrechteckige, spitzgiebelbekrönte Bauwerk mit deutlich neugotischem Formenwerk zeigt seine prägnante Schauseite zum Marktplatz von Bretten. Über zwei spätgotischen, symmetrischen Spitzbogenportalen, die den Zugang zum Erdgeschoss vermitteln, betont ein über die gesamte Breite verlaufender Balkon mit wappenverzierter Brüstung und gleichfalls mit Wappen ausgestatteter achteckiger Eckkanzel den repräsentativ gedachten Charakter des Hauses. Über dem zweiten, leicht zurückspringenden Geschoss beginnt ein mächtiger, von zwei Fialen (Abschluss von Strebepfeilern in Türmchenform) mit Wasserspeiern seitlich gerahmter Giebel, der im unteren Bereich die Inschrift »Gott zu Ehren – Melanchthon zum Gedächtnis – Errichtet von der Evangelischen Christenheit« einfasst. Ein mittiges Giebelbild zeigt Christus als Weltenherrscher.

Im Inneren befindet sich im Erdgeschoss die freskengeschmückte Gedächtnishalle, deren Kreuzrippengewölbe sich

Blick in die Gedächtnishalle des Melanchthonhauses

über zwei zentralen Rundpfeilern aufspannen, mit Statuen von Melanchthon und seinen Weggefährten. Eine über die Mauerflucht ausgreifende Apsis mit Altar verweist auf die Möglichkeit zur möglichen Nutzung der Räumlichkeit für Gottesdienste. Im ersten Obergeschoss, dem zweiten und letzten Vollgeschoss des Gebäudes, gruppieren sich vier Räume mit thematischer Ausrichtung: Das »Fürstenzimmer« mit beachtenswerter Eichendecke vermittelt dem Besucher die politisch handelnden Personen der Reformationszeit, das »Humanistenzimmer« präsentiert bedeutende Zeitgenossen mit

humanistischer Grundhaltung, das »Theologenzimmer« die wichtigsten Theologen zur Zeit Melanchthons. Das »Städtezimmer« schließlich weist an Decke und Wänden die Wappen der 121 Städte auf, mit denen Melanchthon persönlich in Verbindung gestanden hat. Die geschmackvollen Schränke des »Städtezimmers« füllt ein großer Teil der hauseigenen Bibliothek mit insgesamt etwa 11.000 Bänden.

Das Melanchthonhaus in Bretten
Besichtigung gegen Eintrittsgebühr, Führungen ab fünf Personen nach Voranmeldung möglich (Stadtinformation, Tel. 07252 583710) – Sitz der Europäischen Melanchthon-Akademie Bretten
Adresse: Melanchthon-Str. 1, 75015 Bretten
Tel.: 07252 9441–0
Internet: www.melanchthon.com (Stichwort Melanchthonhaus Bretten)
Öffnungszeiten: Di. –Fr. von 14–17 u. Sa./So. von 11–13 u. 14–17 Uhr (Mitte Februar – Ende November) – an Feiertagen wie am entsprechenden Wochentag (Ausnahme: Montag, dann wie am Wochenende)

Eckquader eines Vorgängerbaus des heutigen Melanchthonhauses mit Datierungsinschrift von 1560

Ulrich von Hutten – Holzschnitt von N.N.,
vor 1521

Ulrich von Hutten (1488–1523) und das Hutten-Sickingen-Denkmal unterhalb der Ebernburg

Ulrich von Hutten wurde 1488 auf Burg Steckelberg (bei Schlüchtern, Main-Kinzig-Kreis, Hessen) als Sohn des gleichnamigen Vaters und dessen Ehefrau Ottilie von Eberstein geboren. Obwohl erstgeborener von insgesamt vier Söhnen eines angesehenen fränkischen Rittergeschlechts, trat Ulrich 1499 im Alter von elf Jahren auf elterliche Veranlassung in das Kloster Fulda ein, wo er eine geistliche Karriere einschlagen sollte. Doch schon vor 1505 verließ er die Abtei und schrieb sich in den folgenden Jahren an den Universitäten in Erfurt, Köln, Frankfurt an der Oder, Leipzig, Greifswald und Rostock ein. 1511 reiste er über Wien nach Italien und widmete sich in Bologna dem Studium der Rechte, bis ihn finanzielle Nöte 1513 dazu zwangen, sich für vier Monate als Söldner im Heer Kaiser Maximilians I. zu verdingen. Seine seit 1511 erkennbare publizistische

Tätigkeit erfuhr 1517 ihren Höhepunkt, als Maximilian ihn in Augsburg mit der Dichterkrone auszeichnete. Hutten trat in die Dienste Erzbischof Albrechts IV. von Mainz, der den fränkischen Adligen jedoch 1520 nach der Veröffentlichung mehrerer papstfeindlicher Schriften entließ.

Im Jahr zuvor hatte Hutten sich an einem Feldzug des Schwäbischen Bundes gegen den Herzog von Württemberg beteiligt, der 1515 den Ehemann seiner Geliebten Ursula Thumb von Neuburg, den Stallmeister und entfernten Verwandten Ulrichs, Hans von Hutten, ermordet hatte. Im Verlauf des im März/April 1519 durchgeführten Feldzugs, der zur Absetzung Herzog Ulrichs führte, war Hutten mit dem vom Rat des Bundes zur militärischen Unterstützung engagierten Franz von Sickingen zusammengetroffen. Offensichtlich von diesem eingeladen, lässt er sich spätestens im September des Jahres 1520 erstmals auf der Ebernburg nachweisen. Dort entfaltete er eine rege publizistische Tätigkeit zu Gunsten Luthers und gegen das Papsttum, unter anderem in der im Winter 1520/1521 entstandenen *Anzoig* (»Anzeige«), in welcher die historischen Konflikte zwischen den römisch-deutschen Königen und den Päpsten zu einer Art zwangsläufiger Urfeindschaft stilisiert werden. Im Juni 1522 las der damalige Burgkaplan der Ebernburg, der Schweizer Theologe und Humanist Johannes Oekolampad (1482–1531), während der Messe den Text der Evangelien und Episteln erstmals auf Deutsch.

Hutten drückte seine Dankbarkeit gegenüber Franz von Sickingen für dessen Gastfreundschaft auch schriftlich aus, indem er dessen Burgen insgesamt als *Herbergen der Gerechtigkeit* überhöhte. Bis Ende Mai 1521 verweilte er auf der Ebernburg, siedelte dann aber nach einem Aufenthalt von September bis Oktober auf Burg Diemerstein (bei Frankenstein, Landkreis Kaiserslautern, Rheinland-Pfalz) nach Burg Wartenberg über, wo er

Franz von Sickingen (links) und Ulrich von Hutten auf der Ebernburg –
Holzschnitt von N.N., vor 1860

von November 1521 bis Mai 1522 belegt ist. Nach einem letzten Abstecher nach Burg Nanstein Ende Juli 1522 trennten sich die Wege des fränkischen und des pfälzischen Ritters endgültig.

Über Basel und das elsässische Mülhausen erreichte der schon seit 1508 an Syphilis leidende und nun schwer von seiner Krankheit gezeichnete Hutten im Mai 1523 Zürich, wo ihn der Schweizer Reformator Huldrych Zwingli aufnahm und ihm schließlich Asyl auf der Insel Ufenau im Zürichsee verschaffte. Dort ist Ulrich von Hutten am 29. August 1523 im Alter von 35 Jahren verstorben. In seinen Zielsetzungen großteils gescheitert, lassen seine von leidenschaftlichem und aufrichtigem Einsatzwillen geprägten

Leitsätze den Leser auch heute nicht unberührt: *Ich habs gewagt mit Sinnen und trage deshalb noch keine Reue, mag ich nicht daran gewinnen, noch muss man spüren Treue ... Ein Herz lässt sich nicht kränken, das aufrechter Meinung ist.*

Das Hutten-Sickingen-Denkmal unterhalb der Ebernburg

Im Verlauf des 19. Jahrhunderts und vor allem nach der Reichseinigung von 1871 veränderte sich die allgemeine Bewertung der historischen Persönlichkeit Ulrichs von Hutten deutlich: Seine 1523 gescheiterten nationalen Ambitionen wandelten

Entwurfsmodell von Carl Cauer für das Hutten-Sickingen-Denkmal, um 1860

sich zu prophetischen Verkündigungen, die sich nun erfüllt hatten – Hutten selbst wurde unkritisch zum Vorkämpfer der nationalen Einheit stilisiert, wobei seine Bedeutung in humanistischer und theologischer Hinsicht in den Hintergrund geriet.

Sichtbarer Beleg dafür ist das auf halber Höhe des Berges unterhalb der Ebern-

burg gelegene Hutten-Sickingen-Denkmal, für das ein »Central-Sammel-Comité« mit Hilfe von 60 Lokalkomitees Spenden gesammelt hatte. Nach Grundsteinlegung am 400. Geburtstag des Humanisten (21. April 1888) wurde das vom Kreuznacher Bildhauer Carl Cauer (1828–1885) schon um 1860 entworfene und von seinen Söhnen Ludwig, Hugo und Emil d. J. ausgeführte Monument, das 60.000 Goldmark gekostet hatte, am 11. Juni 1889 feierlich enthüllt. Im Rahmenprogramm referierten die beiden Historiker Wilhelm Oncken und Bernhard Erdmannsdörffer, während in Kreuznach das 1888 vom ehemaligen Direktor des dortigen Kurorchesters, August Bungert, verfasste »dramatische Festspiel« mit dem Titel »Hutten und Sickingen« aufgeführt wurde. Das Denkmal zeigt zwei ca. 2,50 Meter hohe Bronzestatuen, die Ulrich von Hutten und Franz von Sickingen im Gespräch miteinander darstellen – an ihren Attributen augenfällig zu erkennen als Kämpfer mit dem Wort bzw. Kämpfer mit dem Schwert. Am etwa 2,50 Meter hohen Granitsockel befinden sich auf der Vorderseite die jeglichen Bezug auf Reformation und Humanismus ausklammernde Widmungsinschrift (»Den Vorkämpfern deutscher Einheit und Grösse Ulrich von Hutten, Franz von Sickingen«) und auf der Rückseite die Bauzeitangabe (»Errichtet 1889«).

Hutten und Sickingen.

Ein dramatisches Festspiel in fünf Aufzügen

von

August Bungert.

Aufgeführt in Kreuznach bei der Enthüllung

des Hutten-Sickingen Denkmals

zur vierhundertjährigen Feier des Geburtstages

Ulrich's von Hutten.

Festspiel »Hutten und Sickingen« (1888) von August Bungert – Titelblatt der 3. Ausgabe von 1889

Das Hutten-Sickingen-Denkmal unterhalb der Ebernburg

Lage: unterhalb der Nordseite der Ebernburg über 55583 Bad Kreuznach, Stadtteil Bad Münster am Stein-Ebernburg, am besten von der Nordseite des Burghofs auf Fußweg zu erreichen

Tel.: –.–

Internet: –.–

Besichtigungsmöglichkeit: jederzeit frei zugänglich

Blick auf das Hutten-Sickingen-
Denkmal von Nordosten, 2014

Der Reichstag von 1529 und die Gedächtniskirche der Protestation in Speyer

Die pfälzische Stadt Speyer besitzt für die Geschichte der Reformation in Deutschland eine herausragende Bedeutung, die auf einen 1529 hier abgehaltenen Reichstag zurückgeht.

Seit dem Thesenanschlag Luthers in Wittenberg 1517 hatten sich seine Ansichten gegen alle Widerstände rasch ausgebreitet, woran auch die Verhängung der Reichsacht über den Reformator im Umfeld des Wormser Reichstags von 1521 nichts hatte ändern können. Nach den Unruhen der darauf folgenden Jahre – Feldzüge von und gegen Franz von Sickingen 1522/23 und der Bauernkrieg 1525 – fand der nächste Reichstag vom 25. Juni bis zum 27. August 1526 in Speyer statt. Dort beabsichtigte Erzherzog Ferdinand I. von Österreich als Stellvertreter seines Bruders, Kaiser Karls V., eigentlich vordringlich eine Unterstützung des ungarischen Königs Ludwig II. gegen die Türken zu organisieren. Demgegenüber verlangten die weltlichen Reichsstände (Reichsfürsten und Reichsstädte) unter Führung Kurfürst Johanns von Sachsen und Landgraf Philipps I. von Hessen zunächst die Behandlung der drängenden religionspolitischen Angelegenheiten.

Kurfürst Johann »der Beständige« von Sachsen (1468/1525-35) – Ölgemälde von N.N. [Werkstatt von Lucas Cranach d.Ä.], o.J. [um 1532/33]

Nachdem Kaiser Karl V. seinen Bruder Ferdinand zum Einlenken aufgefordert hatte und zukünftig nicht mehr auf einer konsequenten Durchsetzung des Wormser Edikts bestand, beschloss der Reichstag, dass bis zu einem zukünftigen klärenden Konzil die Reichsstände diese Frage jeweils individuell und eigenständig auslegen konnten. Jeder Landesherr und jede Stadt konnte demnach in Glaubensangelegenheiten nach eigenem Gewissen handeln, womit die evangelische Lehre und ihre Anhänger gleichsam Duldung erfuhren. Im Gegenzug erklärten

sich die Reichsstände am 27. August 1526 dazu bereit, den ungarischen König mit 24.000 Soldaten zu unterstützen – eine Entscheidung, die mit der vernichtenden Niederlage der Ungarn in der Schlacht von Mohács und dem Tod ihres Herrschers nur zwei Tage später hinfällig wurde.

Fast drei Jahre nach dem auch »Toleranzbeschluss« genannten Entscheid von Speyer setzte Kaiser Karl V. einen erneuten Reichstag in Speyer (15. März bis 22. April 1529) an, auf dem er sich wegen des Kriegs gegen Frankreich wiederum von seinem Bruder, Erzherzog Ferdinand I. von Österreich, vertreten ließ. Gestärkt durch Erfolge in den europäischen Auseinandersetzungen, wollte Karl V. nun das Wormser Edikt wieder in Kraft setzen und die Vereinbarung von 1526 abschaffen. Unverhohlen brachte der Herrscher diese Absicht in der »Kaiserlichen Proposition« zum Ausdruck, die zur Eröffnung der Versammlung den Reichsständen zur Kenntnis gebracht wurde: Derselbe Artikel (= Beschluss von 1526) habe nämlich »... trefflichen großen Unrat und Missverstand gegen unseren heiligen christlichen Glauben und auch Ungehorsam der Untertanen gegen die Obrigkeit und viel anderes Nachteiliges zur Folge gehabt ... Damit aber in Zukunft derselbe Artikel nicht weiter nach eines jeden Gefallen angenommen und ausgelegt wird und das, was bisher unserem heiligen Glauben

Der durchleüchtigsten

Durchleuchtigen/Hochgepornen Fürsten vñ Herrn/Herrn Johansen Hertzogen zů Sachssen des heiligē Römischen Reichs Ertzmarschalgk Churfürsten. ꝛc. Herrn Georgen Marggrafen zů Brandenburg. ꝛc. Herrn Ernsten Hertzogen zů Lünenburg. ꝛc. Herrn Phílipsen Landtgrafen zů Hessen. ꝛc. vnd Herrn Wolffgang Fürsten zů Anhalt. ꝛc. andre vnd endeliche Protestation/auff dem Jüngstgehalten Reichstage zů Speyer/wider den Ersten articfel desselben fürgenoñen abschids /vnsern haïligen glauben/dasselben Religion oder Ceremonië belangend / gethů Wie die durch irer Churfürstlichen vnd Fürstlichen gnaden trefflich rädte/ R.ő. May. zů Hungern vnd Böhem als Rö. May. Staathalder im haïligen reich vnd obersten Coñissari en aïgen handen/vberantwort ist.

M D XXIX.

Zweite Protestnote (»Protestation«) der evangelischen Fürsten auf dem Speyerer Reichstag von 1529 – Titelblatt der Druckfassung

daraus zuwider erfolgt ist, verhütet werde, so hebt Ihre Kaiserliche Majestät den angezeigten Artikel ... hiermit auf, kassiert und vernichtet denselben jetzt und dann, alles aus kaiserlicher Machtvollkommenheit. Und es ist Ihrer Kaiserlichen Majestät Befehl, dass an dessen Stelle der jetzt verlesene neue Artikel, was den Glauben anbelangt, gestellt und im künftigen Reichsabschied laut und klar verkündet werde und niemand, der Strafe und Buße vermeiden will, dagegen handele.«

Gegen den nach längeren Verhandlungen im Sinne Karls V. ergangenen Be-

Speyer (Ansicht vor 1550) – Holzschnitt von Sebastian Münster, vor 1628

schluss vom 19. April protestierten die evangelischen Reichsstände sowohl mündlich als auch mit einer ersten Protestnote und beharrten darauf, gemäß der Vereinbarung von 1526 in Glaubensfragen allein ihrem Gewissen folgen zu wollen. Damit hatten sich erstmals sechs Fürsten und 14 Reichsstädte in aller Öffentlichkeit zu ihrer evangelischen Überzeugung bekannt: Kurfürst Johann von Sachsen, Landgraf Philipp I. von Hessen, Markgraf Georg von Brandenburg-Ansbach-Kulmbach, Herzog Ernst I. von Braunschweig-Lüneburg (vertreten durch seinen Kanzler), Fürst Wolfgang von Anhalt-Köthen, Graf Wilhelm von Fürstenberg sowie die Städte Heilbronn, Isny, Kempten, Konstanz, Lindau, Memmingen, Nördlingen, Nürnberg, Reutlingen, St. Gallen, Straßburg, Ulm, Weißenburg und Windsheim. Köln und Frankfurt am Main waren zunächst ebenfalls beigetreten, zogen jedoch ihre Zusagen zurück.

Mit einer am 20. April schriftlich eingereichten zweiten Protestnote (*Protestation auff dem Jungstgehalten Reichßtage zů Speyr wider den Ersten artickel desselben*

fürgenommen abschids vsnern Hailigen glauben dasselben Religion oder Ceremonien belangend ...) erhoben der Kurfürst von Sachsen, der Markgraf von Brandenburg-Ansbach-Kulmbach, der Herzog von Braunschweig-Lüneburg, der hessische Landgraf und der Fürst von Anhalt-Köthen seitens der evangelischen Reichsstände nochmals Einspruch gegen den Beschluss. Auch wenn Erzherzog Ferdinand als Versammlungsleiter die Annahme dieser Protestation verweigerte und den Reichstag am 22. April mit dem vom Kaiser verlangten Beschluss beendete, so gelangte der Wortlaut des Protestschreibens dennoch in unterschiedlichen Druckversionen an die Öffentlichkeit. Allgemein wird dies nicht zu Unrecht als Geburtsstunde der Bezeichnung »Protestanten« für die evangelischen Christen angesehen: ... *denn daran [an Gottes Wort und dem Heiligen Evangelium] ... kann niemand irren noch fehlen, der bestehet wider alle Pforten der Höllen, so doch dagegen aller menschlicher Zusatz und Tand fallen muß, und vor Gott nicht bestehen kann.*

Gedächtniskirche von Osten, 2013

Die Gedächtniskirche der Protestation in Speyer

Bereits 1857 war in Speyer ein »Retscher-Verein« gegründet worden, der sich zum Ziel gesetzt hatte, in Erinnerung an die Protestation auf dem Speyerer Reichstag von 1529 eine Kirche zu errichten. Namengebend war die damals verbreitete Ansicht, die Reichsversammlung habe im repräsentativen Wohngebäude der Familie Retschelinus (daher »Retscher«) neben der Dreifaltigkeitskirche stattgefunden. In den folgenden Jahrzehnten gab der Verein seine ursprüngliche Absicht auf, den neuen Kirchenbau unmittelbar an der Stelle der Ruine des 1689 ausgebrannten Hauses verwirklichen zu wollen, und benannte sich 1882 in »Verein zur Erbauung der Gedächtniskirche der Protestation von 1529« um.

Nach Festlegung des Bauplatzes 1883 wurde ein Architektenwettbewerb ausgeschrieben, den die Essener Architektengemeinschaft Carl Nordmann und Julius Flügge für sich entscheiden konnten. Als

sich der angesichts nicht ausreichend eingegangener Spendengelder 1890 um Hilfe gebetene protestantische Kaiser Wilhelm II. zur finanziellen Unterstützung bereitfand, konnte kurze Zeit später mit den Bauarbeiten begonnen werden. Vom ersten Spatenstich 1890 über die förmliche Grundsteinlegung am 24. August 1893 dauerte es insgesamt 14 Jahre bis zur Fertigstellung der Gedächtniskirche, die – zeitweilig vor dem Hintergrund des Kulturkampfes und in stetiger konfessioneller Auseinandersetzung mit der katholischen Gemeinde von Speyer – nach dem Willen ihrer Bauherren als Hauptkirche für die gesamte protestantische Christenheit gedacht war. Am 31. August 1904 fand die feierliche Einweihung der Kirche statt, die nachfolgend in der öffentlichen Wahrnehmung jedoch nicht die angestrebte Aufmerksamkeit und Würdigung erlangt hat.

Getreu der ursprünglichen Planung präsentiert sich die Gedächtniskirche als streng neugotischer Sakralbau nach Vorbild gotischer Kathedralen und Kirchen der

Wiener Neugotik (Wiener Votivkirche), der sich damit in seiner Formensprache deutlich von der Romanik des Speyerer Doms abhebt. Dominiert wird der Außeneindruck vom schlanken, sechseckigen Westturm mit durchbrochenem Steinhelm und acht Glocken von 1959, der eine Höhe von 100 Metern erreicht und damit der höchste deutsche Kirchturm westlich des Rheins zwischen Köln und Straßburg ist. An den Turm schließt sich das kurze dreischiffige Langhaus an, das von einem recht kurzen Querbau gekreuzt wird und dabei eine prägnante Vierung ausbildet. Über dieser Vierung setzt ein 22 Meter hoher Dachreiter einen ausgewogenen Akzent zum Turm. Sämtliches Mauerwerk besteht aus weiß-grauem Vogesen-Sandstein.

Den lediglich mit Ausnahme der Apsis vollständig von Emporen umlaufenen Innenraum überspannen Kreuzrippengewölbe aus künstlichem Tuffstein über schlanken Pfeilern. Um die 36 historistischen Fenster mit ihrem auf die Reformation und Ereignisse des Alten und Neuen Testaments eingehenden Bildprogramm und ihrer Farbigkeit zu betonen, wurde auf Verputz und Bemalung des Mauerwerks

Kanzel mit Kanzeldeckel in Form eines Sakramentshäuschens

vollständig verzichtet. Im zur »Gedächtnishalle der Protestation« ausgestalteten Erdgeschoss des Turms erinnern ein zentral gestelltes Bronzestandbild Luthers und die in den Ecken untergebrachten Statuen der an der Protestation beteiligten Fürsten an die Entstehungszeit der protestantischen Glaubenslehre.

Nach mehrfachen Instandsetzungsarbeiten (1961–69, 1973–77, 1991–97) und der letzten großen Sanierung von 1998 bis 2009, die allein Kosten von mehr als 11,7 Millionen Euro verursachte, zeigt sich das Gotteshaus heute wieder im ursprünglichen Zustand.

Die Gedächtniskirche der Protestation in Speyer
Adresse: Bartholomäus-Weltz-Platz, 67346 Speyer,
Tel.: 06232 2890077 (Gemeindebüro, geöffnet Mo.–Fr. 9–12 u. Do. 14–17 Uhr)
Internet: www.gedaechtniskirchengemeinde.de
Öffnungszeiten: 14–17 Uhr (Mi., Fr., So., Feiertage), 10–17 Uhr (Sa.).

Lutherdenkmal in der »Gedächtnishalle der Protestation« im Turmuntergeschoss

Das Ende des letzten Ritters: Der Tod Franz' von Sickingen 1523

Burg Nanstein – Luftaufnahme von Nordwesten, 2004

Die Belagerung von Burg Nanstein und der Tod Franz' von Sickingen

Am 29. April 1523 zogen Erzbischof Richard von Trier, Kurfürst Ludwig V. von der Pfalz und Landgraf Philipp I. von Hessen nach Landstuhl und begannen noch am selben Tag mit der Belagerung und Beschießung von Burg Nanstein. Über die Ereignisse der folgenden neun Tage liegen mehrere Berichte unterschiedlicher Länge und Qualität vor, unter denen die Schilderungen des Reichsherolds Caspar Sturm, der Flersheimer Chronik und des Historikers Hubert Thomas herausragen.

Caspar Sturm, der als Augenzeuge vor Ort war und, zwar um Neutralität bemüht, aber dennoch deutlich sichtbar vom fürstlichen Standpunkt aus formuliert, hat seine Ausführungen schon kurze Zeit nach Ende des Feldzuges niedergeschrieben (Übersetzung mit Kürzungen):
»Am Mittwoch, den 29. Tag des April, ist Pfalzgraf Ludwig, Kurfürst, mitsamt Herzog Ottheinrich und Herzog Wolfgang, Seiner Kurfürstlichen Gnaden Vetter und Bruder, persönlich vor das Schloss Landstuhl gerückt. Auch die beiden anderen

Kriegsfürsten sind, ein jeglicher in sein eigenes Lager, vor das Schloss Landstuhl gekommen, und am selben Tag ist mit den Hauptstücken (schwere Geschütze) zu schießen begonnen worden.

Am Donnerstag, den 30. Tag des April, sind aus den Lagern und Schanzen der drei Kriegsfürsten mit Hauptstücken, Scharfen Metzen, Kartaunen, Notschlangen und anderen Geschützen so viele grausame Schüsse abgegeben worden, wie es in diesen Landen noch niemals gehört worden oder geschehen ist. Merke wohl, dass durch solch ernstlich andauerndes Schießen der drei Kriegsfürsten, wie es täglich aus den Schanzen in das Schloss Landstuhl acht Tage lang geschah, das Schloss dermaßen bedrängt und durchschossen war und zudem Franz von Sickingen darin durch den ernstlichen und tapferen Beschuss an einer Körperseite verletzt und auf den Tod verwundet worden war, so dass er einen Brief aufsetzen ließ, den er eigenhändig unterschrieb. Nachdem dieser Brief den Kriegsfürsten auf der Schanze des Landgrafen ausgehändigt worden war, wurde ein Stillstand und Friede in allen Schanzen hinsichtlich des Schießens gehalten. Und wie man sagt, soll Franz von Sickingen in seinem

»Großes Rondell« von Osten

waren. Als solches geschehen war, redeten die Fürsten und Räte eine kleine Weile miteinander. Mittlerweile beichtete Franz von Sickingen und bald danach starb er bei wachem Verstand. Und als der Priester mit dem Sakrament zu ihm kam, war er verschieden und verstorben.«

Die zweite wichtige Schilderung stammt aus der Flersheimer Chronik, die ab 1547 auf Veranlassung Bischof Philipps II. von Speyer (1529–1552) verfasst worden ist. Philipps Schwester Hedwig von Flersheim hatte 1499 Franz von Sickingen geehelicht, war aber schon 1516 gestorben. Im Wesentlichen stimmen die hier – mit deutlicher Sympathie für den Sickinger – beschriebenen Ereignisse mit den Ausführungen Caspar Sturms überein, doch lassen sich bemerkenswerte Unterschiede im Detail feststellen:

Brief unter anderem geschrieben, angezeigt und sich darüber beschwert haben, dass Landstuhl nicht aufgefordert noch mitgeteilt worden war, was Ihre Fürstlichen Gnaden begehrten. Er bat darum und begehrte untertänig, dass Ihre Kurfürstlichen und Fürstlichen Gnaden ihre Räte zu einem gütlichen Gespräch abordneten, er selbst wollte fünf seiner Diener zu einem solchen Gespräch schicken.

Am nächsten Tag – Donnerstag, der 7. Mai – war es am Vormittag, da gingen die drei Kriegsfürsten und vor diesen Ihren Kurfürstlichen und Fürstlichen Gnaden der Erenhalt (= Reichsherold Caspar Sturm) nebst Grafen, Herren und Rittern in das Schloss und fanden Franz von Sickingen in einem finstern Felsenloch, in dem man ohne angesteckte Lichter nichts sehen konnte, auf seinem Totenbett liegen. Als Franz das gehört hatte, aber wegen Krankheit und Schmerzen nichts sehen konnte, sagte er: ‚Ist jener da mein Herr von Hessen?' Darauf sagte der Landgraf zu ihm: ‚Franz, wie ist Dir geschehen, bist Du angeschossen worden?' Daraufhin antwortete Franz und sagte, wie er durch eine Schießscharte auf einer Brustwehr angeschossen und durch etliche Hölzer und Bretter zu Schaden gekommen und verletzt worden war. Bald darauf traten die drei Kriegsfürsten aus dem finstern Felsenloch, in dem Franz lag, und gingen eine Wendeltreppe hinauf in ein Gemach, in dem die Adligen und Reisigen gefangen

»Denn die Kriegsfürsten schossen wieder und wieder und so ernstlich, wie es niemals zuvor an einem Ort geschehen war; so waren die Mauern auch zum Teil noch neu, was dem Schloss nicht wenig Schaden einbrachte. Und als Franz sich in eine Schießscharte begab und während der Belagerung hinaussehen wollte, traf ein Schuss dieselbe Schießscharte, vor der ein Hagelgeschütz für die Erstürmung bereit stand. Dasselbe fiel durch den Schuss Franz von Sickingen auf die Füße, und Franz fiel hart nach hinten auf angespitzte Holzpfähle und in Brennholz, das dort zum Verbarrikadieren gelagert

Hagelbüchse, um 1500 (Heeresgeschichtliches Museum, Wien)

Landstraß

Belagerung von Burg Nanstein 1523 –
Kupferstich von N.N. nach einem nach 1528
angefertigten Wandteppich, 1626

Der Tod Franz' von Sickingen – Holzschnitt von F[riedrich L.] Unzelmann nach Zeichnung von A[dolph] Menzel, 1838

war. Und als er da lag, hat er zu seinen Dienern gesagt, sie sollten kein Geschrei daraus machen, eine Tragbahre bringen und ihn hineintragen, wie es dann auch geschehen ist. Und er ist in ein Kellergewölbe gelegt worden. ... Da knieten alle drei Kurfürsten und Fürsten nieder, und als sie auf ihre Knie gefallen waren, da verschied der teure Held selig und starb in Gott am siebten Tag des Mai um die zwölfte Tagesstunde im Jahre des Herrn 1523.«

Schließlich liefert der erstaunlich gut informierte Lütticher Historiker Hubert Thomas (gen. Leodius, 1495–1555/56) in seinem »Geschichtlein über die Taten des Ritters Franz von Sickingen« noch eine weitere, anekdotenhaft ausgeschmückte Variante der Verletzung des Sickingers: »Als Franz dahin (auf die Mauer) kam und durch einen Schuss so viel Staub aufgewirbelt wurde, dass man außer dem Schrecken nicht wohl sah, wohin man den Fuß fest setzen konnte, fiel Franz selbst zu Boden und wurde hart an der Seite verletzt – ungewiss, ob es durch einen Balken oder einen Mauerstein geschehen war. ... Als dann der Arzt die Wunde als so tief

vorfand, dass auch die Leber verletzt war, war einer von den umstehenden Junkern so erschrocken, dass er in Ohnmacht fiel. Sie beschütteten Franz mit Wasser, bis er wieder zu sich kam, währenddessen noch ein anderer Adliger erbleichte und ohnmächtig wurde.«

Welcher der drei Berichte der Wahrheit am nächsten kommt, muss offen bleiben. Immerhin lässt sich festhalten, dass Franz von Sickingen bei der Besichtigung einer Schießscharte eine so schwere Verletzung erlitten hat, dass er schon am nächsten Tag in einer dunklen Felsenkammer verstarb. Wo genau diese Schießscharte und die Felsenkammer lagen, lässt sich nur näherungsweise, keinesfalls aber präzise bestimmen.

Das Grabmal Franz' von Sickingen in St. Andreas zu Landstuhl

Nachdem Franz von Sickingen auf Burg Nanstein verstorben war, wurden seine sterblichen Überreste in der 1496 zuerst genannten Marienkapelle in Landstuhl erdbestattet. Um die Mitte des 16. Jahrhunderts ließen die Söhne Franz' in dem bescheidenen Sakralbau ein eindrucksvolles Grabmal für ihren Vater und um 1562 eine kleine tonnengewölbte Gruft errichten.

Unmittelbar neben der 1751 abgebrochenen Kapelle wurde von 1752 bis 1753 die neue Kirche St. Andreas als fünfseitig geschlossener Saalbau mit Flachdecke erbaut. Zwei in die Westwand eingefügte Säulenportale mit identischen Wappensteinen der Linie Sickingen-Eltschowitz (Lčovice in Tschechien) erlauben den Zugang ins Innere. Dort stammen die Empore, der aus vier Säulen halbkreisförmig gebildete Hochaltar, der Taufstein und das Chorgestühl noch aus der Gründungszeit, während die reizvolle Kanzel (1804) und die Seitenaltäre auf das frühe 19. Jahrhundert zurückgehen.

Auf der südlichen Schmalseite verbindet sich dieses Langhaus mit einem viereckigen, fünfgeschossigen Turm der spätmittelalterlichen Stadtbefestigung (frühes 16. Jahrhundert), der zum Kirchturm umfunktioniert wurde. 1869 musste der gefährdete Spitzhelm abgenommen und durch eine gedrungene Spitze in Pyramidenform ersetzt werden; aus derselben Zeit stammt auch die umlaufende Galerie. Das Geläut besteht aus vier im Jahre 2012 gegossenen Glocken.

Die unter dem Hochaltar liegende vermauerte Gruft ersetzte ab 1753 die aufgegebene Vorgängergruft der Marienkapelle und beherbergte früher Sarkophage aus der Zeit von 1564 bis 1791. In dem 3,60 Meter langen und 3 Meter breiten, zuletzt 2009 geöffneten Tonnengewölbe befinden sich nach rabiaten Plünderungen im 19. Jahrhundert lediglich noch Gebeinreste von vier Mitgliedern der Familie von Sickingen, aufgeteilt auf einen Kupfersarg und zwei kleine Eichensärge.

Besondere Beachtung verdient im Langhaus das mit Sockel 4,60 Meter hohe und 1,80 Meter breite Sandsteingrabmal Franz' von Sickingen, welches in der Mitte

St. Andreas in Landstuhl von Südosten

des 18. Jahrhunderts aus der abgerissenen Marienkapelle hierher versetzt worden ist. Franz präsentiert sich als überlebensgroße Gestalt in Rüstung, die auf einem Löwen stehend ins Gebet vertieft ist. Der Kopf, der während der Revolutionskriege am Ende des 18. Jahrhunderts abgeschlagen worden war, und die Hände wurden 1869 auf Initiative des Historischen Vereins der Pfalz wieder ergänzt. Seitlich neben der die Figur aufnehmenden Nische befinden sich acht Ahnenwappen (links: Sickingen, Sien, Landschaden, Nackenheim, rechts: Hohenburg, Boos von Waldeck, Hirt von Schöneck, Blicker von Lichtenberg), darüber ein Helm zwischen Helmzier und Wappen und nochmals darüber eine den Verstorbenen würdigende Inschrift.

Katholische Pfarrkirche St. Andreas in Landstuhl

Kirchenstraße 51, 66849 Landstuhl
Tel.: 06371 2328 (Katholisches Pfarramt Heilig Geist Landstuhl)
Internet: www.kirchen-landstuhl.de
(Stichwort Landstuhl),
Öffnungszeiten: So. 17–19 Uhr
(Gottesdienst um 18 Uhr) und nach
Vereinbarung

St. Andreas zu Landstuhl – Inschrift des Grabmals Franz' von Sickingen (Übersetzung):

»Hier liegt der edle und ehrenfeste Franziskus von Sickingen, der in der Zeit seines Lebens Kaiser Karls V. Rat, Kämmerer und Hauptmann gewesen ist und der, bei der Belagerung seines Schlosses Nanstein durch das Geschütz tödlich verwundet, am folgenden Tag am Donnerstag, den 7. Mai im Jahre des Herrn 1523 um die Mittagszeit in Gott christlich von dieser Welt selig verschieden ist.«

Routenvorschläge mit regionalen Schwerpunkten

Die nachfolgenden sechs Routenvorschläge zu besonderen historischen Stätten, die mit Franz von Sickingen, seiner Familie, seinen Parteigängern oder Gegnern wie auch zeitgenössischen Reformatoren in Zusammenhang stehen, begreifen sich als Auswahl. Im Vordergrund stehen dabei vor allem Orte und Objekte, Bau- und Kunstdenkmäler, die bisher weniger – vor allem in vorliegender thematischer Hinsicht – Beachtung gefunden haben. Jede Tour ist für einen kompletten Tag gedacht, weshalb große Städte mit zahlreichen Sehenswürdigkeiten wie etwa Heidelberg, Speyer, Straßburg oder Worms von vornherein ausgenommen worden sind.

Im Kraichgau

Die erste Route führt in den Kraichgau zu den Ursprüngen der Familie von Sickingen nach Oberderdingen-Flehingen und zum Geburtsort eines der wichtigsten deutschen Reformatoren, Philipp Melanchthon. Hinzu kommt nach Zeit und Möglichkeit ein Abstecher zum Zisterzienserkloster Maulbronn. Sämtliche zu besichtigende Objekte sind ohne größere Anstrengung zu erreichen.

1 *Um zum ersten Ziel – der Kirche St. Maria Magdalena in Sickingen – zu kommen, fährt man auf der von Heilbronn in westlicher Richtung nach Karlsruhe führenden Bundesstraße 293 bis auf die Höhe der Gemeinde Oberderdingen-Flehingen (zwischen Eppingen und Bretten). Über die gleichnamige Ausfahrt verlassen Sie die Bundesstraße und biegen nach 200 Metern an der Kreuzung nach links (!) auf die Kreisstraße 3507 (Kürnbacher Straße) in Richtung des Ortsteils Flehingen ab. Nach weiteren 500 Metern fahren Sie in einer rechtwinkligen Rechtskurve in der Ortschaft nach links (!) in die Franz-von-Sickingen-Straße, von der nach 100 Metern links die Östliche Bahnhofstraße abzweigt. 150 Meter später führt auf der linken Seite ein Fahrweg in 100 Metern zum direkt vor der Kirche gelegenen Parkplatz.*

Auch wenn Sickingen als Ortsname durch die Eingemeindung nach Flehingen, das selbst wiederum 1973 nach Oberderdingen eingemeindet wurde, seit 1936 verschwunden ist, so bietet die sehenswerte Kirche St. Maria Magdalena noch genügend Bezüge zur Familie von Sickingen. Besonders sehenswert sind der Grabstein Albert Langer Hofwarts von Sickingen von 1262 (der erste nachweisbare Sickinger) sowie ein auf 1523 datierter Gewölbeschlussstein im Chorbereich. Jedoch verdienen auch die anderen Epitaphien, darunter das großartige Doppelgrabmal von Franz d. J. von Sickingen-Sickingen (1539–1597) und seinem Sohn Schweikard samt beider Ehefrauen eine ausführliche Betrachtung. Der untere Teil des Turms erinnert stark an einen Wehrturm und könnte möglicherweise Teil der ehemaligen Sickinger Höhenburg gewesen sein. Da die Kirche üblicherweise aus nachvollziehbaren Gründen verschlossen ist, empfiehlt sich eine vorherige Anmeldung (Tel. 07258/331, Pfarramt).

2 *Vom ehemaligen Ort Sickingen aus führt der Weg zunächst zurück zur Bundesstraße 293, über die sich in westlicher Richtung in knapp neun Kilometern die Stadt Bretten erreichen lässt. Noch vor dem Stadteingang erreichen Sie ein Straßendreieck, an dem Sie schwach nach* links abbiegen (nicht rechts abknickend weiterfahren!). Nach gut 100 Metern fahren Sie nach rechts in die Heilbronner Straße, der Sie für 700 Meter folgen, um dann rechts in die Weißhoferstraße einzuschwenken. Nach weiteren 170 Metern führt rechts die Sporgasse in 100 Metern zu einem (kostenpflichtigen, aber sehr günstig gelegenen) Parkplatz. Von dort aus laufen Sie über den Fußgängerüberweg in die Spitalgasse, bis diese nach 50 Metern in die Weißhoferstraße mündet. Rechter Hand gelangt man nach kurzer Distanz zum langgestreckten Marktplatz, wo sich nach 100 Metern auf der linken Seite das Melanchthonhaus erhebt.

Das heutige Melanchthonhaus ist zwar nicht das originale Geburtshaus seines Namensgebers, sondern ein von 1897–1903 errichteter Neubau ohne historisches Vorbild. Es begreift sich gemäß Intention seines Initiators als Denkmal oder Gedenkbau für Melanchthon und die Reformation im besten Wortsinn. Eine imposante Schaufassade zum Marktplatz, die sakralbauartige Gedächtnishalle im Erdgeschoss und themengebundene, geschmackvolle und nicht überladene Räume im Obergeschoss zeugen von Bedeutung und Rezeption des Protestantismus nicht allein, aber insbesondere durch das Bürgertum im späten 19. und frühen 20. Jahrhundert.

Bretten selbst (28.500 Einwohner, Landkreis Karlsruhe, Baden-Württemberg), bis weit in die Neuzeit hinein auch als »Brettheim« bezeichnet, besitzt trotz Brandzerstörung 1689 noch einiges an älterer, sehenswerter Bausubstanz. Dazu gehören mit dem Pfeiferturm (13. Jahrhundert) und dem Simmelturm (14. Jahrhundert) der ehemaligen Stadtbefestigung zwei Gebäude, die auch zur Zeit Franz' von Sickingen schon existierten. Von den malerischen Fachwerkgebäuden stammt allein das Gerberhaus aus dem

späten 16. Jahrhundert, alle anderen Häuser datieren als Neu- oder Wiederaufbauten in die Zeit nach 1689.

In einer Entfernung von gerade einmal zehn Kilometern liegt die ehemalige Zisterzienserabtei Maulbronn (Tel. 07043/926610 – www.kloster-maulbronn. de), die 1993 in das Weltkulturerbe der UNESCO aufgenommen wurde und als am besten erhaltene mittelalterliche Klosteranlage nördlich der Alpen einen Abstecher dringend nahelegt.

❸ Dazu fahren Sie vom Parkplatz zunächst nach links in die Sporgasse und nach 100 Metern nach links in die Weißenhoferstraße, der Sie durch einen Kreisel nach 500 Metern (dort dritte Ausfahrt) geradeaus folgen. Nach weiteren 700 Metern mündet diese Straße auf die Bundesstraße 35, auf die man rechter Hand in Richtung Stuttgart/Maulbronn einbiegt. Nach 5,5 Kilometern führt links die Kreisstraße 4521 nach drei Kilometern und zwei Kreisverkehren zum Kloster (Beschilderung folgen).

Wohl 1147 gegründet, bedeuteten die Ereignisse des frühen 16. Jahrhunderts auch für Maulbronn einen entscheidenden Einschnitt. 1504 belagert und nach sechstägiger Belagerung von Herzog Ulrich von Württemberg erobert, wurde das Kloster im Bauernkrieg 1525 geplündert und stand vor dem Abriss. Nach Säkularisierung 1534 und Übersiedlung des Konvents in das elsässische Kloster Pairis scheiterten Rekatholisierungsversuche im späteren 16. und 17. Jahrhundert. Von 1556 bis 1806 beherbergten die Gebäude eine evangelische Klosterschule. Ungeachtet seiner bewegten Geschichte vermittelt Maulbronn einen nachhaltigen Eindruck vom mittelalterlichen Klosterleben.

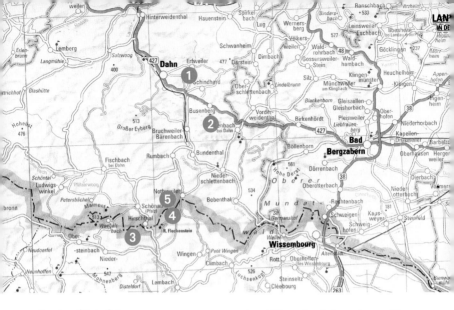

In der Südpfalz

Im Mittelpunkt der Tour durch die Südpfalz stehen ausschließlich Burgen, die sich ganz oder teilweise in sickingischem Besitz oder Eigentum befunden haben. Der anstehende Sandstein der Region erlaubte den Bau von in ihrer Formgebung ganz außergewöhnlichen Wehranlagen, die deshalb heute auch mit dem Begriff Felsenburgen bezeichnet werden. Die ausgewählten Objekte – sämtlich Höhenburgen – benutzen alle in mehr oder minder großem Ausmaß markante, hoch aufragende Felsenriffe für ihre Gebäude und sind daher teilweise nur auf beschwerlichem Fußweg zu erreichen. Festes Schuhwerk ist überall erforderlich.

❶ *Erstes Besichtigungsziel ist Burg Tanstein nahe der pfälzischen Kleinstadt Dahn. Ungefähr in der Stadtmitte zweigt von der Bundesstraße 427 (Marktstraße) die Kreisstraße 39 (Schulstraße) in Richtung Erfweiler ab, der Sie für 400 Meter folgen und dann nach rechts auf die Kreisstraße 40 (Schlossstraße) abbiegen. Nach 1,4 Kilometern erreicht man den unterhalb der Dahner Burgengruppe gelegenen Parkplatz. Von hier aus führt*

ein mäßig steiler Fußweg in 250 Metern bergauf zum Eingangsbereich.

Die Dahner Burgengruppe umfasst die drei Burgen Altdahn, Grafendahn und Tanstein, die sich auf und um insgesamt fünf Sandsteinfelsen gruppieren. Auf Tanstein, das die beiden westlichen Felsen einnimmt, hielt Heinrich XIII. von Dahn 1521 zwei Trierer Bürger 22 Wochen lang gefangen, um – letztlich erfolglos – Lösegeld vom Trierer Erzbischof zu erpressen. Die Burg wurde deshalb 1523 von der Fürstenkoalition belagert und schließlich von Heinrich übergeben. Man sollte sich in jedem Fall die Zeit nehmen, nicht nur den Tanstein, sondern auch die beiden Nachbarburgen zu besuchen, die zusammen ein großartiges Panorama bieten.

❷ *Zurück in der Stadtmitte von Dahn, folgt man der Bundesstraße 427 in östlicher Richtung (Bad Bergzabern). Nach 4,5 Kilometern erreichen Sie die Ortsgemeinde Busenberg, in deren Nähe sich Burg Drachenfels erhebt. Durchfahren Sie Busenberg und biegen Sie 600 Meter hinter dem Ortsende nach rechts auf die Zufahrtsstraße zur Drachenfelshütte des Pfälzerwald-Vereins ab. Nach 450 Metern hält man sich rechts* und erreicht nach weiteren 650 Metern den Parkplatz vor der Hütte. Hinter den letzten Stellplätzen beginnt ein Fußweg, der mäßig ansteigend in lediglich 150 Metern zum östlichen Burgfelsen führt.

In ganz ähnlicher Weise wie die Dahner Burgen nutzt der Drachenfels zwei Sandsteinfelsen, die zahllose Bearbeitungsspuren und Felskammern aufweisen. Am Fuß des östlichen, bis zur Spitze zugänglichen Felsens beeindruckt zudem sauberes, aber zeitlich sehr spätes Buckelquadermauerwerk am massiven Torturm. Der westliche Felsen ist dagegen nur mit Kletterausrüstung zu besteigen.

❸ Auf dem Weg zur Frönsburg fährt man auf der Bundesstraße 427 zurück in Richtung Dahn, um in Dahn-Reichenbach auf die Landesstraße 489 in Richtung Weißenburg/Wissembourg abzubiegen. Nach 4,3 Kilometern auf dieser Straße wenden Sie sich am Ortanfang von Bundenthal nach rechts in die Landesstraße 478 (Rumbacher Straße/Falkeneck), der Sie für 1,8 Kilometer nach Rumbach folgen. Dort verläuft dieselbe Straße in einem rechten Winkel nach links und erreicht nach sechs Kilometern zunächst Schönau und nach weiteren 2,5 Kilometern Hirschthal und die pfälzisch-elsässische Grenze. Nachdem man diese überquert hat, folgt man dem Verlauf immer noch derselben Straße (nun D 925) für nochmals 2,7 Kilometer vorbei am Fleckensteiner Weiher und biegt dann nach rechts auf die Straße nach Niedersteinbach ab (D 3). Nach 3,3 Kilometern überquert man eine kleine Brücke über die Sauer und fährt unmittelbar danach rechts in einen Feldweg ein, der nach 350 Metern endet. Dort parken Sie und folgen zu Fuß dem Forstweg zur Linken (Route Forestiere de l'Engenthal). Nach kurzer Wegstrecke führt rechts ein Wanderweg mit der Markierung Blauer Kreis bergauf, dem Sie weiterhin folgen. Sie umrunden den Bergausläufer auf diesem Weg und erreichen auf der anderen Bergseite eine Wegegabelung, wo Sie sich weiterhin am bekannten Symbol orientieren, bis Sie den Fuß des Burgfelsens der Frönsburg erreicht haben. Gesamtlänge des Fußwegs: ca. drei Kilometer.

Ungeachtet der zu Beginn irritierenden Beschilderung lohnt der Weg zur heute schon auf elsässischem Territorium gelegenen, 1235 erstmals erwähnten Frönsburg allemal. Heute in ihrer abgeschiedenen Lage fast völlig vergessen, präsentiert sie sich als geradezu idealtypische Felsenburg auf einem schwindelerregend hohen Sandsteinriff. Zahlreiche Felsenkammern, Zisternen, Treppen und alte Aufgänge ermuntern dazu, sich die Anlage im Jahr 1348 vorzustellen, als sie von Reinhard Hofwart von Sickingen nach kurzer Belagerung übergeben werden musste. Und da auch der oberste Burgbereich seit 2002 mittels einer Stahltreppe zugänglich gemacht worden ist, kann das gesamte Terrain erkundet werden. Nochmals: Es empfehlen sich unbedingt trittsicheres Schuhwerk und die Mitnahme von Verpflegung.

Widmet man sich den Dahner Burgen, dem Drachenfels und der Frönsburg in der gebotenen Ausführlichkeit, dann wird ein Tag ausgefüllt sein. Für diejenigen, die schneller und sehr ausdauernd sein sollten, bietet sich an, auf selber Strecke den Rückweg anzutreten und gegenüber dem Fleckensteiner Weiher bergauf zum Parkplatz nahe der – touristisch leider völlig überfrachteten – gleichnamigen Burg zu fahren. Unmittelbar vor dem Besucherzentrum (nahe dem Wasserbehälter) führt ein durchgängig steiler Wanderweg mit der Markierung Rotes Dreieck in 1,5 Kilometern vorbei an der Burg Löwenstein zur sickingischen Hohenburg ❹ (beide noch im Elsaß) und von dort ein weiterer Weg nach einem Kilometer zur Wegelnburg ❺, der mit 571 Höhenmetern höchsten pfälzischen Burg mit fantastischer Aussicht.

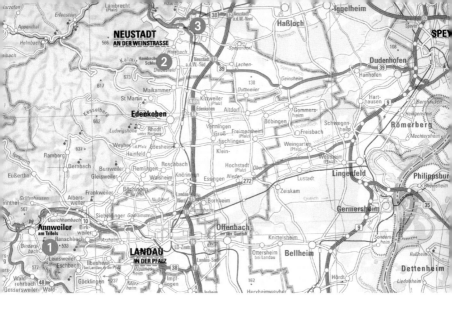

In der Vorderpfalz

Mit dem Trifels und dem Hambacher Schloss (der mittelalterlichen Kästenburg) führt diese Route zu zwei der bekanntesten Sehenswürdigkeiten der rheinischen Pfalz. Auf beiden Anlagen waren Angehörige der Familie von Sickingen mit Ämtern direkt und indirekt betraut. Die ehemalige Stiftskirche in Neustadt an der Weinstraße schließlich diente den rheinischen Pfalzgrafen – Lehnsherren, aber auch Gegner Franz' von Sickingen – im Spätmittelalter als Begräbnisstätte. Von diesen drei Objekten ist die Neustädter Kirche problemlos zu erreichen, für das Hambacher Schloss und insbesondere für Burg Trifels empfiehlt sich angesichts unterschiedlich langer und steiler Fußwege festes Schuhwerk.

❶ *Burg Trifels, Startpunkt dieser Route, erreicht man am besten von der Bundesautobahn 65 über die Ausfahrt Landau-Nord. Von dort führt die Bundesstraße 10 in Richtung Westen/Annweiler am Trifels/Pirmasens nach 15 Kilometern zum westlichen Stadtrand von Annweiler und zur Ausfahrt linker Hand, die zur Bundesstraße 48 überleitet. Biegen Sie nach Verlassen der Bundesstraße 10 nach* *200 Metern nach rechts auf die Bundesstraße 48 ab, verlassen diese aber bereits wieder nach weiteren 150 Metern und biegen nach links auf die Kreisstraße 2 (Altenstraße) ab. Nach gut 200 Metern zweigt rechts die Trifelsstraße ab, die auf drei Kilometern Länge zum unterhalb der Burg gelegenen kostenpflichtigen Parkplatz führt. Von hier aus muss noch ein steiler Fußweg von 900 Meter Länge bis zum Eingangsbereich bewältigt werden.*

Der Trifels besitzt als ehemalige Verwahrungsstätte der Reichsinsignien des römisch-deutschen Königtums und Haftort hochrangiger Persönlichkeiten höchste Bedeutung für die deutsche Geschichte im 12. und vor allem im 13. Jahrhundert. Besonders lohnend ist der Gang auf den Hauptturm, von dem sich eine spektakuläre Aussicht auf den Pfälzerwald eröffnet. Zudem empfiehlt sich ein intensiver Blick auf die aufwändigen Nachbildungen der Reichsinsignien, mit denen die Könige im Mittelalter ihren Machtanspruch in der Öffentlichkeit dokumentierten. Aufgrund des steilen Zugangswegs und der zahlreichen, teils unebenen Treppen im Außen- und Innenbereich sollte der Besucher gut zu Fuß sein.

❷ Um zum nächsten Ziel, dem Hambacher Schloss, zu gelangen, fahren Sie vom Trifels die gesamte Strecke zurück zur Bundesautobahn 65, Aus- bzw. Auffahrt Landau-Nord, und halten sich in nördlicher Richtung (Ludwigshafen/Neustadt/Weinstraße). Nach 13,5 Kilometern verlässt man die Autobahn über die Ausfahrt Neustadt/Weinstraße-Süd und benutzt im anschließenden Kreisverkehr die dritte Ausfahrt in Richtung Neustadt. Von dieser Bundesstraße 39 biegt man jedoch bereits nach 750 Metern wieder nach links auf die Kreisstraße 9 in Richtung Neustadt-Hambach bzw. -Diedesfeld ab. Dieser Straße folgen Sie auf insgesamt drei Kilometern bis in den Stadtteil Hambach (dort »Mittelhambacher Straße«) und dort dann der Beschilderung, die Sie in 2,5 Kilometern bergauf zum großen Parkplatz unterhalb der Anlage leitet. Vom höchstgelegenen Bereich des Parkplatzes aus laufen Sie auf der Fahrstraße zum Schloss bergauf zum Eingangs- und Kassenbereich (250 Meter).

Das Hambacher Schloss ist heute vor allem als Denkmal für die deutsche Demokratie bekannt. Dabei gerät oftmals in Vergessenheit, dass es sich bei der Kästenburg – den Namen »Hambacher Schloss« trägt die Anlage erst seit dem 19. Jahrhundert – um eine der ältesten Burgen in der Pfalz handelt. Im Mauerwerk lassen sich trotz allen neuestzeitlichen Veränderungen noch zahlreiche und bemerkenswerte Reste mittelalterlicher Bausubstanz entdecken. Im Schloss widmet sich eine Dauerausstellung den Ereignissen des »Hambacher Festes« von 1832, während leibliche Bedürfnisse im von 2009–2011 neu errichteten Restaurantgebäude mit schönem Blick in die Rheinebene befriedigt werden können.

❸ Nach dem Hambacher Schloss fahren Sie zur ehemaligen Stiftskirche in Neustadt an der Weinstraße (6,5 Kilometer Strecke, jedoch komplizierter Wegverlauf). Dafür folgt man zunächst der Kreisstraße 14 (Freiheitsstraße) bergab, die nach einem Kilometer auf Höhe der ersten Häuser nach links abknickt (Triftbrunnenweg). Nach weiteren 500 Metern biegen Sie nach rechts in die Bergsteinstraße ab, um nach erneut 500 Metern wieder die Freiheitsstraße zu erreichen. 450 Meter später hält man sich im Stadtteil Hambach zunächst links (Weinstraße), dann nach 100 Metern rechts und nach weiteren 100 Metern wieder links (immer noch Weinstraße). Dieser Landesstraße 512 (später »Hambacher Straße«, »Pfalzgrafenstraße« und »Schillerstraße«) folgen Sie für insgesamt 2,8 Kilometer, bis sie kurz hinter den Eisenbahngleisen auf die Bundesstraße 39 stößt (rechts Hauptbahnhof und Saalbau). Dort biegt man nach links ab (Landauer Straße) und nach 500 Metern vor (!) der Verkehrsinsel nach rechts auf die Straße (!) mit dem Namen Kohlplatz. Weitere 150 Meter später führt der Weg nach rechts auf die Bundesstraße 38 (Ludwigstraße), auf der Sie nach 400 Metern zur Rechten ein Parkhaus, zur Linken kostenpflichtige Parkplätze (Einfahrt auf der gegenüberliegenden Seite) erreichen. Der Marktplatz mit der Stiftskirche befindet sich in östlicher Richtung in gerade einmal 100 Metern Entfernung.

Die ehemalige Stiftskirche mit ihrer markanten Doppelturmfassade prägt den Marktplatz von Neustadt an der Weinstraße deutlich. Im durch eine Mauer getrennten Innenraum der seit 1368 errichteten Simultankirche fallen vor allem im Chorbereich Deckenmalereien ins Auge, welche die beiden pfälzischen Kurfürsten Ruprecht III. und Ludwig V. mit ihren Ehefrauen zeigen. Nach Besuchsende empfiehlt sich ein Rundgang durch die malerische Altstadt, in der sich zahlreiche Fachwerkgebäude erhalten haben.

In der Westpfalz

Mit Landstuhl und Burg Nanstein widmet sich diese Route einem zentralen Herrschaftsort der Familie von Sickingen, aber auch den letzten Lebenstagen Franz' von Sickingen und seinem Gedenken. Burg Wartenberg kennzeichnet hingegen das Beispiel einer untergegangenen mittelalterlichen Wehranlage, von der sich kaum Reste erhalten haben. Ein Abstecher präsentiert mit Kloster Otterberg eine der schönsten romanischen Kirchen in ganz Deutschland.

❶ *Landstuhl erreicht man am besten über die Bundesautobahn 6 und die Ausfahrt Landstuhl-Ost. Im Anschluss führt die Landesstraße 363 in südlicher Richtung zum Stadtzentrum. Am Ende der Straße nach ca. 600 Metern biegen Sie nach links auf die Landesstraße 395 (Saarbrücker Straße, nach 200 Metern Kaiserstraße) ab, der Sie für insgesamt 500 Meter folgen. Danach hält man sich an einer Straßengabelung geradeaus und fährt auf die Landesstraße 363 (Ludwigstraße), die man nach 2,2 Kilometern und zuletzt kurvenreicher Strecke rechter Hand verlässt (Beschilderung zur Burg, Straße »Zur Melkerei«). Nach 600 Metern wenden Sie sich nach links in die Straße »Auf der Pick«,*

die nach gut 500 Metern und einer scharfen Rechtskurve auf der linken Seite den 300 Meter langen Zufahrtsweg zur Burg und den davor liegenden (kostenfreien) Parkplatz erreicht.

Der noch heute als Burg bezeichnete Nanstein zeigt vor allem bauliche Reste aus der Frühen Neuzeit, die zum kleineren Teil Festungscharakter aufweisen, zum größeren Teil aber dem Aus- und Umbau der Anlage zum Schloss in der Mitte des 16. Jahrhunderts zuzuordnen sind. Ein besonderes Augenmerk verdient das Große Rondell wie auch die mutmaßliche Sterbekammer Franz' von Sickingen hinter einem inschriftlich datierten Treppenturm von 1518.

❷ *Nach dem Besuch des Nanstein fährt man auf derselben Strecke zurück in Richtung Zentrum von Landstuhl. Auf der Landesstraße 363 (Weiherstraße, später Hauptstraße) erreichen Sie den zentralen Platz »Am Alten Markt«, wo sich Parkmöglichkeiten befinden. Von dort laufen Sie in wenigen Metern in östlicher Richtung in die Kirchenstraße zur Kirche St. Andreas.*

St. Andreas beherbergt mit dem Grabmal Franz' von Sickingen eine kunsthistorische Kostbarkeit. Um die Mitte des 16. Jahrhunderts im Auftrag seiner Söhne errichtet und nach Abbruch der alten Marienkapelle, in welcher der »letzte Ritter« 1523 erdbestattet worden war, in der Mitte des 18. Jahrhunderts in die neue Kirche an den heutigen Standort versetzt, zeigt das 4,60 Meter hohe Sandsteingrabmal eine überlebensgroße Statue des Sickingers mit begleitenden Ahnenwappen. Da die auch ansonsten sehenswerte Kirche mit ihrer luftigen, hallenartigen Bauweise normalerweise nur eine Stunde vor Beginn des Gottesdienstes an Sonntagen geöffnet ist, empfiehlt sich eine Terminvereinbarung mit dem Katholischen Pfarramt Heilig Geist (Tel. 06371/2328).

❸ *Anschließend fahren Sie auf dem Weg zu den Resten von Burg Wartenberg zunächst zurück auf die Bundesautobahn 61 in Richtung Osten/Kaiserslautern. Nach 17,5 Kilometern wechselt man am Autobahndreieck Kaiserslautern auf die nach Alzey/Mainz leitende Bundesautobahn 63. Über die erste Ausfahrt Sembach verlassen Sie die A 63 und halten sich nach 600 Metern rechts, um in einer Halbschleife auf die Landesstraße 401 in Richtung Wartenberg-Rohrbach/Winnweiler zu gelangen. Nach insgesamt zwei Kilometern (nicht früher!) erreicht man im Ortsteil Wartenberg auf der rechten Seite die Hauptstraße, der man nach 100 Metern schwach nach links abknickend für insgesamt 500 Meter folgt. Anschließend führt die Straße »Schlossberg« um den Burgberg herum, wo sich ein Parkplatz finden lassen sollte. Auf der Nordseite des Berges beginnt ein Weg, der Sie in kurzer Zeit aufwärts zur Burgstelle bringt.*

Burg Wartenberg vermag ihre einstige Bedeutung kaum noch zu vermitteln – ein Schicksal, das mehr mittelalterliche Wehranlagen als vermutet teilen. Einst Sitz einer zahlreichen Burggemeinschaft und von November 1521 bis Mai 1522

Aufenthaltsort Ulrichs von Hutten, der sie als eine der »Herbergen der Gerechtigkeit« bezeichnete, zeugen heute nur noch geringfügige, überwucherte Mauerspuren und ein breiter Halsgraben von ihrer früheren Größe. Da das bisher leider nie wissenschaftlich untersuchte Burggelände unwegsam und inzwischen vollständig verbuscht ist, wird festes Schuhwerk empfohlen. Nach erfolgreichem Aufstieg belohnt den Besucher immerhin die reizvolle Aussicht ins Tal.

❹ *Zum Abschluss führt ein Abstecher nach Otterberg zur großartigen gleichnamigen Klosterkirche. Deshalb fahren Sie zunächst zurück in Richtung Bundesautobahn 63, Ausfahrt Sembach, benützen diese jedoch nicht, sondern folgen dem Verlauf der Landesstraße 401 für weitere 1100 Meter. Dort biegt man nach rechts in Richtung Baalborn auf die Landesstraße 382 ab, durchfährt Baalborn und erreicht nach insgesamt 6 Kilometern einen Kreisverkehr in Otterberg. Diesen verlassen Sie über die dritte Ausfahrt und folgen nun der Landesstraße 387 (Hauptstraße), die nach 200 Metern am Kloster vorbeiführt. Am Straßenrand befinden sich Parkplätze.*

Gleichwohl wenig bekannt, handelt es sich bei Otterberg (Tel. 06301/9409 [Tourist-Information Otterberg] – www.cms.abteikirche-otterberg.de s.v. Abteikirche) um eine der bedeutendsten romanischen Klosterkirchen in Deutschland. Errichtet von 1168 bis 1254 (Datum der Schlussweihe), entstand hier ein kreuzförmiger Sakralbau ohne Turm, der nicht nur mit Ausnahme geringfügiger gotischer Einflüsse stilrein geblieben ist, sondern sich vor allem auch hervorragend erhalten hat. Vom anliegenden ehemaligen Kloster ist dagegen nur der sehr schöne, kreuzgewölbte Kapitelsaal übrig, der bedauerlicherweise nur im Rahmen einer offiziellen Kirchenführung besichtigt werden kann.

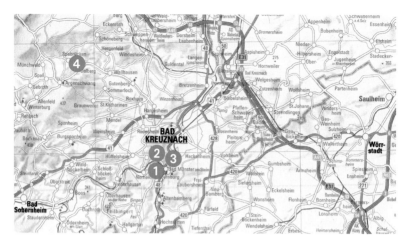

In Nordpfalz und Hunsrück

In das Gebiet rund um Ort und Burg Ebernburg – früher der nördlichste Punkt der Rheinpfalz – sowie in den benachbarten Hunsrück führt die nachfolgende Tour. Dabei steht die Ebernburg als Stammsitz Franz' von Sickingen im Mittelpunkt. Ein Abstecher zum benachbarten Rheingrafenstein offenbart die Bedeutung des Bergbaus in dieser Region schon im 16. Jahrhundert, während das Hutten-Sickingen-Denkmal die Verehrung beider Persönlichkeiten im späten 19. Jahrhundert widerspiegelt.

❶ *Die Ebernburg erreicht man am besten von der Bundesautobahn 61 aus über Bad Kreuznach, wo man der Bundesstraße 48 in südlicher Richtung (Kaiserslautern/ Rockenhausen) folgt. Zwei Kilometer nach dem Stadtausgang erreichen Sie die – 2014 eingemeindete – Stadt Bad Münster am Stein, deren Stadtteil Ebernburg sich südlich nach Überquerung der Nahe anschließt. Unmittelbar hinter der Nahebrücke führt der Weg zur Burg nach rechts auf die Landesstraße 379 (Schlossgartenstraße), der Sie bergauf folgen (nach 500 Metern rechtwinklige Linkskurve). 250 Meter nach einem Kreisverkehr biegt man nach insgesamt 1,2 Kilometern nach links* auf *die Kreisstraße 95 (Burgstraße) und nach weiteren 200 Metern nochmals nach rechts auf die Zufahrtsstraße zur Burg ab. 500 Meter später folgt in Nähe zum Eingangsbereich ein kostenfreier Parkplatz.*

Die Ebernburg zeigt neben mehreren, den Gesamteindruck stark beeinträchtigenden Neubauten vergleichsweise wenige Reste aus der Zeit Franz' von Sickingen. Besondere Beachtung verdient die in den Halsgraben hineinragende Ruine der »Hohen Batterie«, eines Geschützturms, der zumindest in seinen unteren Teilen noch aus dem frühen 16. Jahrhundert stammen dürfte. Grandios ist die Aussicht vom Burghof auf die Nahe und den steil aufragenden Felsen des Rheingrafenstein.

❷ *Kurz bevor man den eigentlichen Burghof betritt, führt am Nordende der Anlage ein unscheinbarer Fußweg in Serpentinen bergab in kurzer Zeit zum Hutten-Sickingen-Denkmal.*

Das 1889 eingeweihte Denkmal des Kreuznacher Bildhauers Carl Cauer (1828-1885) zeigt die beiden überlebensgroßen Bronzestatuen Ulrichs von Hutten und Franz' von Sickingen mit ihren typischen Attributen. Leider findet das seinerzeit mit großem finanziellen Aufwand errichtete

Monument heute völlig zu Unrecht kaum noch Interesse.

③ *Im Anschluss folgt der Besuch des unweit entfernten Rheingrafenstein mit den Resten des dortigen Bergwerkbetriebs. In den Sommermonaten lässt sich der Fuß des Felsens leicht mit der Personenfähre über die Nahe erreichen. Dafür kehrt man auf die Bundesstraße 48 zurück, überquert den Fluss und biegt nach 150 Metern nach rechts in Richtung Kurzentrum von Bad Münster am Stein ab (Berliner Straße). Nach 100 Metern benützen Sie den Parkplatz rechter Hand und gehen danach wenige Meter weiter in die rechts abzweigende Rheingrafenstraße. Durch das Gelände des Kurparks und vorbei an der Saline erreicht man nach 400 Metern das Naheufer, wo sich rechter Hand die Ablegestelle der Fähre findet. Auf der anderen Naheseite folgen Sie dem bergauf führenden Fußweg und erreichen nach 300 Metern neben einer Bank den verschütteten Eingang eines Stollens.*

Der Besuch am Rheingrafenstein sollte vorzugsweise in den Sommermonaten vorgenommen werden, da nur dann die Personenfähre über die Nahe eine reizvolle und problemlose Zuwegung garantiert. Die wenigen Reste lassen kaum noch erahnen, dass hier einst Franz von Sickingen gewinnbringend Kupfer und Silber zutage fördern ließ. Interessenten mit guter Kondition und genügend Zeit sei zudem der allerdings steile und lange Aufstieg bis auf den Gipfel des Rheingrafenstein mit den geringen Resten der 1688 zerstörten rheingräflichen Burg nahegelegt. Vom obersten Burgfelsen bietet sich eine atemberaubende, schwindelerregende Aussicht auf Bad Münster am Stein und die Ebernburg.

④ *Den Abschluss dieser Tour bildet Burgruine Dalberg. Um diese zu erreichen, fahren Sie von Bad Münster am Stein auf der Berliner Straße zunächst in Richtung Bundesstraße 48, dann aber über diese hinweg geradeaus naheaufwärts in Richtung Norheim, das Sie nach knapp zwei Kilometern erreichen. Im Ort folgt man der Hauptstraße (Rotenfelser Straße, später Bahnstraße) durch eine langgezogene S-Kurve und über einen Bahnübergang für 700 Meter, bevor man in einem angedeuteten Verkehrskreisel nach rechts auf die Landesstraße 236 (Hüffelsheimer Straße) in Richtung Rüdesheim abbiegt. Folgen Sie der Straße bergauf durch Norheim und durch zwei Kreisverkehre, bis Sie nach 4,5 Kilometern in Rüdesheim einen weiteren Kreisverkehr erreichen. Diesen verlässt man über die erste Ausfahrt nach rechts und fährt im nächsten Kreisverkehr über die dritte Ausfahrt nach links in Richtung Roxheim (Landesstraße 236). Nach weiteren drei Kilometern und kurz nach einer Unterführung folgt erneut ein Kreisverkehr, den Sie an der dritten Ausfahrt in Richtung Gutenberg/Wallhausen verlassen. Die anschließende Landesstraße 239 führt durch die Ortschaften Gutenberg und Wallhausen nach sieben Kilometern nach Dalberg, wo Sie in der Ortsmitte nach rechts in die Mehlbachstraße fahren und parken. Auf der linken Straßenseite beginnt nahe Haus Nr. 3a ein Fußweg, der Sie nach 300 Metern zur Burgruine bringt.*

Burg Dalberg, nomineller Herkunftsort Philipps II., Kämmerer zu Worms, gehört zu den am meisten unterschätzten mittelalterlichen Wehranlagen in Rheinland-Pfalz. Mit Mauersubstanz vom 13. bis zum 17. Jahrhundert veranschaulicht sie eine fortwährende Bautätigkeit, die in zahlreichen Gebäuden unterschiedlicher Funktionalität ihren Ausdruck gefunden hat. Vor allem ein Kapellenraum mit erhaltener Sakramentsnische sowie die im Halsgraben hoch aufragenden Pfeiler einer ehemals in das Burginnere führenden Wasserleitung beeindrucken den heutigen Besucher.

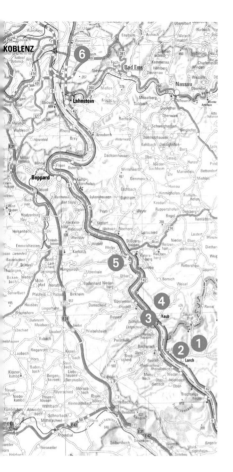

❶ *Als Beginn empfiehlt sich die an der Grenze zu Rheinland-Pfalz noch auf hessischem Gebiet gelegene Stadt Lorch, die man auf der am rechten Rheinufer durch das Mittelrheintal führenden Bundesstraße 42 erreicht. Diese Bundesstraße verlässt man auf Höhe des Ortszentrums rechter Hand (Landesstraße 3033 nach Wiesbaden) und benützt den benachbarten, zwischen Straße und Eisenbahndamm befindlichen Parkplatz. Von hier aus unterqueren Sie die sich dem östlichen Ende des Parkplatzes anschließende Eisenbahnunterführung und sehen schräg rechts das Hilchenhaus.*

Das großartige, erst kürzlich aufwändig sanierte Wohngebäude, mit dessen Errichtung Johann III. Hilchen von Lorch 1546 begonnen hatte, ist leider momentan nicht zugänglich. Allein der Blick von außen auf die rheinseitige, reich verzierte Schaufassade belegt aber, warum das Hilchenhaus als eines der schönsten Adelshäuser im gesamten Rheinland gilt.

❷ *Vor dem Hilchenhaus stehend, wendet man sich nach links und biegt nach knapp 100 Metern nach rechts in die Kirchgasse ab, die bergauf in weiteren 100 Metern zum Eingangsportal der ehemaligen Pfarrkirche St. Martin führt.*

Im oberen Mittelrheintal

Die letzte Route führt bis weit in den Norden des heutigen Bundeslandes Rheinland-Pfalz und in das angrenzende Hessen. Im Mittelpunkt stehen Besitzungen der drei entscheidenden Gegner Franz' von Sickingen: Kaub mit den Burgen Pfalzgrafenstein und Gutenfels (pfalzgräflich), St. Goar mit Burg/Festung Rheinfels (hessisch) und die Festung Ehrenbreitstein in Koblenz (trierisch). Mit dem Hilchenhaus und der Kirche St. Andreas in Lorch betreten wir die Heimat Johanns III. Hilchen von Lorch. Sämtliche Objekte sind gut zu erreichen und erfordern im Höchstfall einen kurzen, kaum anstrengenden Fußweg.

Im freundlichen Innenraum der Kirche beeindruckt neben dem qualitätvollen hölzernen Hochaltar von 1483 vor allem das großartige Epitaph Johanns III. Hilchen von Lorch, das 1550 und damit zwei Jahre nach seinem Tod in der Kirche aufgestellt worden ist. Da St. Martin seit kurzem nicht mehr als Pfarrkirche dient, gelten beschränkte Öffnungszeiten (Sa., So., Feiertage von 14–17 Uhr).

❸ *Von Lorch führt die Fahrt auf der Bundesstraße 42 rheinabwärts in sechs Kilometern nach Kaub. Dort sollte man auf Höhe des Fähranlegers auf den Parkplatz* rechter Hand fahren und parken. Direkt gegenüber startet die kostenpflichtige Fähre zur Burg Pfalzgrafenstein (separate Eintrittsgebühr). Vom Parkplatz aus erreicht man nach Unterqueren der Eisenbahn zudem die Zollstraße, die linker Hand nach 130 Metern zum Gebäudekomplex der ehemaligen Zollschreiberei ❹ führt.

Burg Pfalzgrafenstein als seit 1327 entstandene »Inselburg« lohnt unbedingt einen Besuch, der zusammen mit der notwendigen Fährfahrt ein besonderes Vergnügen darstellt. Im Anschluss sollte man nicht versäumen, die Gebäude der Zollschreiberei – allerdings leider nur von außen – in Augenschein zu nehmen, wo seit der Mitte des 16. Jahrhunderts der Zollbetrieb abgewickelt wurde.

❺ Das nächste Ziel ist Burg oder besser Festung Rheinfels über St. Goar. Dafür fahren Sie auf der Bundesstraße 42 weiter rheinabwärts in Richtung Koblenz und erreichen nach zehn Kilometern St. Goarshausen. In der Stadtmitte benützen Sie die kostenpflichtige Autofähre, um auf die andere Rheinseite nach St. Goar überzusetzen. Dort angekommen, biegen Sie nach rechts auf die am linken Rheinufer verlaufende Bundesstraße 9 ab, der Sie auf 700 Metern bis zum Stadtausgang folgen. Linker Hand führt eine ausgeschilderte Fahrstraße (Heerstraße, nach 100 Metern scharfe Rechtskurve, dann »Schlossberg«, nicht für Busse geeignet!) in 800 Metern bergauf zu einem kleinen, kostenpflichtigen Parkplatz neben Rheinfels.

Wer sich für frühneuzeitliche Festungen interessiert, für den ist ein Besuch von Rheinfels Pflicht. Als ehemals größte Anlage am Rhein und zur Zeit Franz' von Sickingen in der Hand der Landgrafen von Hessen, präsentiert sie sich als Übergangsform von einer Burg zu einer Festung. Große Teile des umfangreichen

Gebäudekomplexes inklusive der abschnittsweise unbeleuchteten Laufgänge können begangen werden, weshalb es sich empfiehlt, eine Lampe mitzuführen oder gegen Gebühr auszuleihen. Sehr lohnenswert und erhellend ist der Besuch des kleinen, aber sehr sinnvoll konzipierten Museums mit einem Modell der noch unzerstörten Festung.

❻ Nach Abschluss der Besichtigung geht der Weg zunächst bergab zurück zur Bundesstraße 9, auf die Sie nach links in Richtung Koblenz auffahren. Nach 32 Kilometern (unmittelbar nach Unterqueren der Bundesstraße 327) biegt man nach rechts auf die Kreisstraße 3 (Mainzer Straße) in Richtung Koblenz-Zentrum/Oberwerth ab und folgt dieser für 2,5 Kilometer durch die Stadt, bis man die quer über den weiteren Straßenverlauf führende Auffahrt zur Rheinbrücke erkennt. An der dortigen Kreuzung führt rechts die Julius-Wegeler-Straße in 200 Metern zum Parkhaus bei der Rhein-Mosel-Halle. Sollte dieses belegt sein, folgen Sie der Mainzer Straße weiterhin und erreichen nach 350 Metern die Tiefgarage unter dem Kurfürstlichen Schloss. Von beiden kommen Sie über kurze Fußwege zum Rheinufer. Von hier aus führt ein kurzer Spaziergang (800 Meter) zur Talstation der Seilbahn, die das Plateau des Festungsgeländes von Ehrenbreitstein ansteuert.

Als abschließender Höhepunkt sei der Besuch der Festung Ehrenbreitstein in Koblenz empfohlen, die den trierischen Erzbischöfen lange Zeit – so auch im frühen 16. Jahrhundert – als Residenz gedient hat. Um den großen Festungskomplex mit seinen zahlreichen kulturellen Einrichtungen samt dem seit der Bundesgartenschau von 2011 gärtnerisch gestalteten Vorgelände zu erreichen, sollte man auf jeden Fall die über den Rhein führende Seilbahn benützen, die hinreißende Ausblicke gewährt.

Quellen und Literatur (Auswahl)

a) Zeitgenössische Abhandlungen

Caspar Sturm, »Warlicher Bericht« (verf. nach 1523) = Winfried Dotzauer, Der »Warliche Bericht« des Reichsherolds Caspar Sturm über den Kriegszug der drei verbündeten Fürsten gegen Franz von Sickingen im Jahre 1523, in: Ebernburg-Hefte 3, 1969, S. 73–97 = Blätter für Pfälzische Kirchengeschichte und Religiöse Volkskunde 37/38, 1970/71, S. 348–372.

Flersheimer Chronik (verf. 1547) = Die Flersheimer Chronik. Zur Geschichte des XV. und XVI. Jahrhunderts, hrsg. v. Otto Waltz, Leipzig 1874, insbes. S. 52–90.

Johann Flade, Wie Franz von Sickingen den Stift beschedigt und sampt Johann Hilchin von Lorch diese Stat Trier belegert hat in Septembri des Jars XV^C XXII. (verf. nach 1522), in: Rendenbach 1933 (vgl. Literatur zu Franz von Sickingen), S. 79–116.

Hubertus Thomas Leodius [= Hubert Thomas], De Francisci a Sickingen eq. rebus gestis, seu potius ausis, & calamitoso obitu. Historiola (verf. vor 1556), in: Germanicarvm rervm scriptores (...), Bd. 3, hrsg. v. Marquardus Freherus [= Marquard Freher], Hanau 1611, S. 252–258. – deutsche Übersetzung in: Bellum Sickinganum, Das ist / Kurtze doch vmständliche Historische erzehlung / deren von dem Edlen Teutschen Helden Frantzen von Sickingen / vor hundert Jahren auff Teutsch vnd Welschen boden geführten Kriegen, hrsg. v. N.N., Straßburg 1626, S. 13–28.

b) Literatur zu Franz und der Familie von Sickingen

[Stephan A. Würdtwein], Kriege und Pfedschaften des Edlen Franzen von Sickingen, Mannheim 1787 [unv. ND Oberderdingen-Flehingen 1998].

[Georg K. I. Buddeus], Franz von Sickingen. Eine Geschichte aus dem sechszehenten Jahrhundert, Frankfurt [am Main] 1798.

Ernst Münch, Franz von Sickingens Thaten, Plane, Freunde und Ausgang, 2 Bde., Stuttgart/Tübingen 1827–28. (2. Band Codex diplomaticus)

E[rnest] de Bouteiller, Histoire de Frantz de Sickingen. Chevalier allemand du seizième siècle, Metz 1860 [2., unv. Aufl. ebd. 1863].

H[einrich] Ulmann, Franz von Sickingen. Nach meistens ungedruckten Quellen, Leipzig 1872.

Karl H. Rendenbach, Die Fehde Franz von Sickingens gegen Trier (Historische Studien, H. 224), Berlin 1933.

Harold H. Kehrer, The von Sickingen and the German princes 1262–1523, Diss. Boston (Mass.) 1977 [gekürzte dt. Übers. unter dem Titel: Die Familie von Sickingen und die deutschen Fürsten 1262–1523, in: Zeitschrift für die Geschichte des Oberrheins 127, 1979, S. 71–158, u. ebd. 129, 1981, S. 82–188].

Reinhard Scholzen, Franz von Sickingen. Ein adeliges Leben im Spannungsfeld zwischen Städten und Territorien (Beiträge zur pfälzischen Geschichte, Bd. 9), Kaiserslautern 1996.

Klaus E. Wild, Franz von Sickingen. Ein Ritter in unruhiger Zeit, Erfurt 2006.

Karlheinz Schauder, Franz von Sickingen (Pfälzische Profile, [Bd. 3]), Kaiserslautern 2006.

Hans-Joachim Bechtoldt, Aspekte des Finanzwesens des Franz von Sickingen. Verträge im Kontext des Silberbergbaus in der Umgebung der Ebernburg im frühen 16. Jahrhundert, in: Jahrbuch für westdeutsche Landesgeschichte 33, 2007, S. 175–212.

c) Literatur zu Orten und Objekten (übergreifende Darstellungen)

Die Kunstdenkmäler von Bayern, Regierungsbezirk Pfalz – Bd. 1: Die Kunstdenkmäler von Stadt und Bezirksamt Neustadt a. H., bearb. v. Anton Eckardt, München 1926. – Bd. 9: Die Kunstdenkmäler von Stadt und Landkreis Kaiserslautern, bearb. v. Anton

ECKARDT u. Torsten GEBHARD unter Mitarb. v. Alexander VON REITZENSTEIN, München 1942.

Der Rheingaukreis (Die Kunstdenkmäler des Landes Hessen [1]), bearb. v. Max HERCHENRÖDER, München 1965.

Pfälzisches Burgenlexikon (Beiträge zur pfälzischen Geschichte, Bd. 12), 4 Bde., hrsg. v Jürgen KEDDIGKEIT, Alexander THON u. a., Kaiserslautern 2002–2007.

»Wie Schwalben Nester an den Felsen geklebt …«. Burgen in der Nordpfalz, hrsg. v. Alexander THON, mit Beitr. v. Peter POHLIT u. Hans REITHER, Regensburg 2005.

Stadt Neustadt an der Weinstrasse (Denkmaltopographie Bundesrepublik Deutschland – Kulturdenkmäler in Rheinland-Pfalz, Bd. 19.1), bearb. v. Michael HUYER, Worms 2008.

»… wie eine gebannte, unnahbare Zauberburg«. Burgen in der Südpfalz, hrsg. v. Alexander THON, mit Beitr. v. Peter POHLIT u. Hans REITHER, 3., durchges. u. aktualis. Aufl. Regensburg 2008.

Alexander THON, Stefan ULRICH u. Achim WENDT unter Mitarb. v. Hubert LEIFELD, »… wo trotzig noch ein mächtiger Thurm herabschaut«. Burgen im Hunsrück und an der Nahe, Regensburg 2013.

d) Literatur zu Personen, Orten und Objekten (Einzeldarstellungen)

Nikolaus IRSCH, Der Dom zu Trier (Die Kunstdenkmäler der Rheinprovinz, Bd 13/1), Düsseldorf 1931.

Der Trierer Dom (Rheinischer Verein für Denkmalpflege und Landschaftsschutz, Jb. 1978/79), red. v. Franz J. RONIG, Neuss 1980.

Barbara SCHOCK-WERNER, Das Straßburger Münster im 15. Jahrhundert. Stilistische Entwicklung und Hüttenorganisation eines Bürger-Doms (23. Veröffentlichung der Abteilung Architektur am Kunsthistorischen Institut der Universität Köln), Köln 1983.

Helmut BODE, Hartmut XII. von Cronberg. Reichsritter der Reformationszeit (Kronberger Drucke), Frankfurt am Main 1987.

Otto BÖCHER, Das Hutten-Sickingen-Denkmal bei der Ebernburg, in: Ebernburg-Hefte 23, 1989, S. 27–39.

Christiane THEISELMANN, Das Wormser Lutherdenkmal Ernst Rietschels (1856–1868) im Rahmen der Lutherrezeption des 19. Jahrhunderts (Europäische Hochschulschriften, R. 28, 135), Frankfurt am Main u. a. 1992.

Das Melanchthonhaus Bretten. Ein Beispiel des Reformationsgedenkens der Jahrhundertwende, hrsg. v. Stefan RHEIN u. Gerhard SCHWINGE, Ubstadt-Weiher 1997.

Wolfram HEITZENRÖDER, Die Festung Rüsselsheim, Frankfurt am Main 1999.

Bernhard MEYER, Burg Trifels (Beiträge zur pfälzischen Geschichte, Bd. 12, Sonderbd. 1), Kaiserslautern 2001.

G[eorg] U. GROSSMANN, Burg und Festung Rheinfels (Burgen, Schlösser und Wehrbauten in Mitteleuropa, Bd. 17), Regensburg 2002.

Magnus BACKES, Burg Pfalzgrafenstein und der Rheinzoll (Edition Burgen, Schlösser, Altertümer Rheinland-Pfalz. Führungsheft 11), Regensburg 2003.

Manfred BÖCKLING, Festung Ehrenbreitstein (Edition Burgen, Schlösser, Altertümer Rheinland-Pfalz. Führungsheft 17), Regensburg 2004.

Hundert Jahre Gedächtniskirche der Protestation zu Speyer, hrsg. v. Otto BÖCHER, Landau 2004.

Neue Forschungen zur Festung Koblenz und Ehrenbreitstein, Bd. 2, hrsg. v. Burgen, Schlösser, Altertümer Rheinland-Pfalz u. d. Deutschen Gesellschaft für Festungsforschung e.V., Regensburg 2006.

Alexander THON u. Stefan ULRICH, Hambacher Schloss – Kästenburg – Maxburg (Schnell, Kunstführer Nr. 1336), 6., aktualis. u. erw. Aufl. Regensburg 2011.

Heiko P. WACKER, Das Heidelberger Schloss. Burg – Residenz – Denkmal, Ubstadt-Weiher 2012.

Ortsregister

Abbildungsnachweis

Alfred Adler/wikipedia s. v. Hohenburg (Elsass) (S. 41); »AnRo0002«/wikipedia s. v. Gedächtniskirche Speyer (S. 117); Bellum Sickinganum, Das ist Kurtze doch vmständliche Historische erzehlung deren von dem Edlen Teutschen Helden Frantzen von Sickingen vor hundert Jahren auff Teutsch und Welschen boden geführten Kriegen (...), Straßburg 1626, nach S. 28 (S. 122 f.; Reproduktion: Landesbibliothekszentrum Rheinland-Pfalz/Pfälzische Landesbibliothek, Speyer); Theodor BEZA [= Théodore de Bèze], Icones, id est Veraes Imagines virorum doctrina simvl et pietate illvstrivm (...), Genf 1580, [S. 48] (S. 102); August BUNGERT, Hutten und Sickingen. Ein dramatisches Festspiel für das deutsche Volk, 3. [veränd.] Aufl. Berlin 1889, Frontispiz (S. 112u); Der durchleüchtigisten Durchleuchtigen Hochgepornen Fursten vnd Herrn (...) andre vnd endtliche Protestation (...), o. O. [Augsburg] 1529, Titelblatt (S. 115o); Generaldirektion Kulturelles Erbe Rheinland-Pfalz/Ulrich Pfeuffer (S. 23, 84); dies./Sigmar Fitting (S. 18); dies., Direktion Landesdenkmalpflege, Mainz, Fotosammlung, s.v. Ebernburg (S. 38u); Immanuel Giel/wikipedia s.v. Lutherdenkmal (Worms) (S. 100o); Joh[ann] L. GOTTFRIED, Historische Chronica, Oder Beschreibung der Fürnemsten Geschichten, so sich von Anfang der Welt biß auff das Jahr Christi 1619 zugetragen (...), o. O. [Frankfurt am Main] 1674, S. 708 (S. 10); Rudolf HAAS u. Hansjörg PROBST, Die Pfalz am Rhein. 2000 Jahre Landes-, Kultur- und Wirtschaftsgeschichte, Mannheim 1967, S. 34 (S. 92o); Haffitt/wikipedia s.v. St. Martin (Lorch) (S. 70); Hartmann Schedel, Das Buch der Chroniken und Geschichten [= Schedelsche Weltchronik], o. O. [Nürnberg], o. J. [1493], Bl. 139v–140r (S. 102 f.); Hartmut von Kronberg, Ain' Christliche Schrifft vnd vermanung an alle Stendt des Römischen Reychs, o. O. [Augsburg], o.J [1523], Titelblatt (S. 61o); Heeresgeschichtliches Museum Wien, o. Sign. (S. 121u); Hessisches Staatsarchiv Marburg, Best. 3, Nr. 112, Bl. 9v (S. 13); Helius E. HESSUS, De victoria Wirtembergensi (...), o. O. [Erfurt], o. J. [1534], Titelblatt (S. 86); F[riedrich] H[o]FM[ANN], Die Reformatoren in der Gießhütte, in: Die Gartenlaube [15], 1867, S. 427–431, hier S. 428 f. (S. 101); Hvlderichvs ab Hvtten [= Ulrich von Hutten], In Hieronymum Aleandrum, & Marinum Caracciolum, Leonis decimi, P.M. Oratores in Germania, Inuectiuę singulę (...), o. O. [Straßburg], o. J. [1521], Titelblatt (S. 110); L[ouis] HYMANS, Le Rhin monumental et pittoresque, 2 Bde., Bruxelles/Gand/Leipzig o. J. [1854], hier Bd. 1, Pl. 24 (S. 69o); Icones virorvm illvstrivm (Ian I. BOISSARDUS [= Jean J. BOISSARD], Icones qvinqvaginta virorvm illustrivm doctrina & eruditione praestantium ad vivum effictae, cum eorum vitis descriptis, Tl. 3), hrsg. v. Johann Th. u. Johann I. DE BRY, Tl. 3, Frankfurt am Main 1598, S. 44 (S. 106o); ikar.us/wikipedia s.v. Lützelburg (Lothringen) (S. 77); Martin Kraft/wikipedia s.v. Steinkallenfels (S. 72); Landeshauptarchiv Koblenz, Best. 53 C 46, Nr. 131, Bl. 1 (S. 75); Landesmuseum Mainz (Umschlagrückseite); Martin Luther, Von der Babylonischen gefengknuß der Kirchen, o. O. [Straßburg], o. J. [1520], Titelblatt (S. 98o); Jonathan Martz/wikipedia s.v. Straßburger Münster (S. 105); Daniel MEISNER, Thesaurus philo politicus. Das ist: Politisches Schatzkästlein guter Herzen unnd bestendiger Freund, 2 Bde., Frankfurt am Main 1623–1631, hier Bd. 2, B. 4, Nr. 12 (S. 66), ebd., Nr. 15 (S. 38o); Melanchthonhaus, Bretten/Thomas Rebel, Bretten (S. 108); Sebastian MÜNSTER, Cosmographia – Beschreibung aller Lender (...), 2., sehr gemehrte u. gebessere Ausg. Basel 1546, [Kte. 11], vor S. 1 (S. 7, 11, 33, 59, 79, 97, 119); DERS., Cosmographei oder beschreibung aller länder, herschafften, fürnemsten stetten, geschichten, gebreuchen, hantierungen etc. (...), [5., verm. Ausg.] Basel 1550, S. 752–756 (S. 94 f.); DERS., Cosmographia, Das ist Beschreibung der gantzen Welt (...), [21.], neu übersehene u. verm. Ausg. Basel 1628, S. 858 f. (S. 114 f.u), 862 f. (S. 98 f.); N.N. / wikipedia s.v. Johann der Beständige (S. 114o); Wolfgang REINIGER, Stadt- und Ortsansichten des Kreises Bad Kreuznach 1523–1899. Katalog der Holzschnitte, Kupfer-, Stahl- und Holzstiche sowie der Steinzeichnungen,

Bad Kreuznach 1990, S. 68 (S. 35); Franz X. REMLING, Die Maxburg bei Hambach, Mannheim 1844, Frontispiz (S. 55); »RichHein«/ wikipedia s.v. Hilchenhaus (S. 68); Max RING, [Ulrich von Hutten] (Deutsche Bilder, Nr. 5), in: Die Gartenlaube 8, 1860, S. 581–583 u. 598–600, hier S. 580 (S. 111); Der Ritterschafft brüderliche vereynigung, gesellschafft oder verstentnuß, jüngst zu Landaw fürnemlich got zu lob vnd folgent merung gemeynes nutzes. Auch zufürderung Fridens vnd Rechtens willen aufgerichtet, o.O. [Mainz], o.J. [1522], Titelblatt (S. 65); Johannes Robalotoff/wikipedia s.v. Burg Kronberg (S. 60); S[ ], Das Hutten-Sickingen-Denkmal auf der Ebernburg, in: Illustrirte Zeitung 86, 1886, vom 12. Juni, S. 365 f., hier S. 365 (S. 112o); [Karl] SCH[ÄFER], Die Preisbewerbung um Entwürfe zur Gedächtniskirche in Speier, in: Centralblatt der Bauverwaltung 4, 1884, No. 52 v. 28. Dezember, S. 551–553, hier S. 553 (S. 116); Wilhelm SCHEFFERN GEN. DILICH, Hessische Chronica, 2 Tle., Cassel 1604/5, hier Tl. 1, nach S. 36 (S. 91o); Daniel SPECKLE (= SPECKLIN), Architectvra von Vestungen (...), Straßburg 1589, nach S. 88v (S. 83); Stadtarchiv Rüsselsheim, Fotosammlung (S. 90); Alexander Thon, Lahnstein (S. 2, 9, 12, 14 f., 17, 20–22, 25–29, 32o, 34, 36 f., 39, 42–46, 48–50, 52 f., 56, 57u, 61u, 63 f., 67, 69u, 71, 73 f., 76, 81 f., 85, 87, 89, 91u, 92u, 93u, 96u, 100u, 109, 113, 118, 120, 121o, 124–126); Alexander THON, »Wie Schwalben Nester an den Felsen geklebt, erheben sich Mauern, Häuser und riesige Thürme am senkrechten Abgrunde«. Pfälzische Burgen in Zeichnungen Leopold Eltesters (1822–1879), in: Jahrbuch für westdeutsche Landesgeschichte 27, 2001, S. 225–307, hier Abb. 16, S. 255 (S. 57o), Abb. 20, S. 259 (S. 51); Alexander THON u. Stefan ULRICH, Hambacher Schloss – Kästenburg – Maxburg (Schnell, Kunstführer Nr. 1336), 6., aktualis. u. erw. Aufl. Regensburg 2011, vordere Umschlagseite (S. 54); Vues pittoresques des Vosges, hrsg. v. L[ouis] P. CANTENER, Paris 1837, nach S. 8 (S. 19), nach S. 32 (S. 78o); Franz WEIß, Die malerische und romantische Rhein-Pfalz (...), 2., verm. Aufl. Neustadt an der Haardt o.J. [1855], nach S. 56 (S. 58 u. 93o); Peter Weller/wikipedia s.v. Kaub (S. 32u); Uwe Welz, Kaiserslautern (S. 78u); Berthold Werner/wikipedia s.v. Trierer Dom (S. 80); »... wie eine gebannte, unnahbare Zauberburg« 2008 (vgl. Literatur), S. 18 (S. 62), 54 (S. 16), 74 (S. 40), 158 (S. 24); »Wie Schwalben Nester an den Felsen geklebt ...« 2005 (vgl. Literatur), S. 34 (Umschlagvorderseite o); Wigand Gerstenberg von Frankenberg 1457–1522. Bilder aus seinen Chroniken. Thüringen und Hessen. Stadt Frankenberg (Untersuchungen und Materialien zur Verfassungs- und Landesgeschichte, 23), hrsg. v. Ursula BRAASCH-SCHWERSMANN u. Axel HALLE, Marburg 2007, L Abb. 40, nach S. 199 (S. 88); F[riedrich] P. WILMSEN, Pantheon Deutscher Helden. Ein historisches Lesebuch für die Jugend zur Belebung der Vaterlandsliebe und des Eifers für die Wissenschaft, Berlin 1830, Frontispiz (hintere Umschlagseite innen); Martin ZEILLER (Textautor) u. Matthäus MERIAN D.Ä. (Bildautor), Topographia Palatinatus Rheni et Vicinarum Regionum (...), Frankfurt am Main 1645, nach S. 14 (S. 30 f. u. S. 106 f.), nach S. 26 (S. 96o); DIES., Topographia Palatinatus Rheni et Vicinarum Regionum (...), 2., verm. Ausg. Frankfurt am Main o.J. [1672], nach S. 54 (S. 47)